一生役立つ

ルフ
超思考法

マーク金井――著

マイナビ

まえがき

ボク自身、中学2年生からゴルフを始めましたが、学生時代は典型的に「ゴルフが上手くない人」でした。ジュニアから始めたので練習場ではそこそこの球が打てましたが、コースに出るといいスコアが出ません。ジュニア選手権の予選に出た時も、練習ラウンドよりも10打以上悪いスコアを出してしまい、それが原因で3年間まったくゴルフクラブを握りませんでした（大学4年生からゴルフは復活しました）。

当時は、いいスコアが出ないのは「メンタルが弱い」と決めつけ、そして、いいスコアを出すために、毎日のように練習場でボールを打っていました。100球よりは200球、200球よりは500球という風に。学生時代は1日1000球打ったこともあります。

でも、ボールを打つ数を増やしてもスコアはほとんど変わりません。「ナイスショットの回数」は増えましたが、競技に出ると普段よりもスコアが5打以上悪くなることは当たり前。普段よりも競技の時の方が良いスコアが出ることは一度もありませんでした。

しかし、今から振り返ると、典型的な「ゴルフが上手くならない人」のパターンにはまっていました。練習場では球数の多さにこだわっているだけ。使用クラブもドライバーがメインで、100ヤード以内のアプローチを打つのはほんの少しだけ。単純に「気持ちいい球」を打ちたかっただけ。にも関わらず、本人は「一生懸命練習している」と勘違いし、練習の成果がコースでちゃんと出ないことに対して、「自分にゴルフの才能がない」と思っていました。

それが、この10年ぐらいは学生時代とまったく逆なことになっています。練習時間は学生時代の10分の1以下です。にも関わらず、コースに出ると良いスコアが出ることが多くなりました。自分でプロトーナメントも主催していますが、ツアープロと一緒に回っても普段と同じか、普段よりもいいスコアが出たりします。だからでしょう、周りからも「マークさんはプレッシャーに強い」なんてことを言われることもしょっちゅうです。

では、何がどう変わって「ゴルフが上手くならない人」から脱却できたのか？

その答えを、今回、この本にまとめさせていただきました。

ゴルフが上手くなるコツはただひとつ。いいスコアを出すためには「自分に都合のいい練習」をするのではなく、「いいスコアを出すために必要な練習」を地味にすることです。読み進めていただくとわかりますが、「こんなことまでして、良いスコアを出したくない」と思うかも知れません。耳の痛くなる話もこれでもかってくらい出てきます。

でも、せっかくですから「騙されたと思って」実践してみて下さい。「いいスコアを出すにはナイスショットは必要ない」。この意味を本当に理解し、そしてコースで実践できればしめたもの。ベストスコアがいとも簡単に更新できるようになるでしょう。

マーク金井

目次

第2章

第3章

イラスト●ゲーリー久永
写真●佐古裕久
撮影協力●千葉市民ゴルフ場

本書は電子書籍『一生役立つゴルフの考え方』（マイナビ出版／2015年）全5巻を再構成し1冊にまとめたものです。

第1章
ゴルフ上達を確実なものにする「脱残念な人」思考法

ゴルフ歴が長いのに、なかなか上達しないという人が少なくありません。

その原因はどこにあるのでしょうか？　多くの人はスイングの良し悪しを語りますが、そもそも「考え方」が間違っているのかも。

本章では考え違いをする「残念な人」からの脱却を考えてみましょう。

01

あなたは「残念な人」になっていませんか？

マーク金井は練習場にめったに行きません。取材などで仕方なく練習場に行くと「めっちゃ疲れる」と言って用事がすんだら速攻かえります。帰りの車の中でポツリと、

「練習場で練習しているゴルファーは本当に熱心に練習していて、ふざけている人など誰もいない。日本人はほんとに勤勉で真面目。言い方は悪いけど、なんか妄信的なものを感じるのよ。妄信的に何かを信じている。それでとにかく一生懸命に努力すれば報われると思っている。でも決して報われないし救われない。だから見てるのがツライ」

そうですね。1球打ってブツブツ……。続けて何十球も、猛暑でも寒い夜でも、練習場は熱心なゴルファーであふれかえっています。でもなにを信じてどうなりたいのでしょうか？　皆さん決してタイトルのような「残念な人」になりたいわけではありませんよね。

では練習場に通うだけでは上手くなれないのでしょうか？

マーク金井が「決して報われない」と言い切るその原因とは、①努力をすれば必ず上手くなるということを信じている、②自分の感覚は間違っていないと信じている、③ボール（結果）を見ただけですべてを評価している。という3点です。

ボールをたくさん打てば、上達すると信じているのです。さらにマーク金井は「打ち放題は下手になる」とも言い切ります。ゴルフは打数を減らすゲームです。プレー代÷ボール単価を高くするゲーム。それなのにボールをたくさん打っていたら、どんどんボール単価が減ります。

「1時間で200球以上打ってる人は間違いなく、ボールを無駄に打っている。同じ時間で集中して20球だけ打つ方が間違いなくいい練習」

要は努力のベクトルが上達へと向かっていなければ、ボールをいくら打っても何も変わらないし、体を動かして安心しているだけです。おまけに「自分の感覚は正しい」と信じているんです。今の感覚が素晴らしいと思っている。しかし今の感覚で今のスイングで、今のスコアとなっていることに気がついていない。正しくないから現状があるのです。

「スイングが壊れる？　そもそもすでに全損です。もう壊れてるから今のスコアでしょう！」

だそうです。今の感覚にすがり練習している限り何も変わりません。気持ちよく練習しても、下手を固めるだけなのです。その元凶は結果にすがってしまうこと、練習場のナイスショットにすがってしまうことです。それで安心してバカバカ打ってしまう。たまたまのナイスショットがすべてなのです。そこから判断していては、絶対に今の殻を破れません。変化するためなら気持ちが悪いと感じるぐらいでないと決して変化しません。

「みんな自分は『あの人』と同じじゃない、綺麗なスイングで打ってると思ってるんや」

努力が必ず報われると信じている。自分の感覚が間違っていないと信じている。そしてボール（結果）を見ただけですべてを評価している……。この中の一つでも心当たりがあったら、あなたも「ゴルフ残念な人」かもしれません。

02 ナイスショットの罠につかまるな

ナイスショットって何でしょうか？　思い通りに打てる？　ホールインワンとか？　ホールインワンなど決して上級者だけが出しているわけではありませんし、マーク金井はショートコースの74ヤードのホールで1回だけです。まあこれは運でしょうね。

練習場でいい球を打って調子がいい、でもコースではボロボロ。という方が多いと思います。そもそも勘違いしている人が多いのですが、コースでナイスショットがたくさん出せる＝上級者と思っていませんか？

「ナイスショットが続くのが上手い人ではない。ナイスショットとミスショットの差が少ない人が上手い人」

そうです。ナイスショットが出ると「俺って上手いじゃん」と思います。まあ、人間ですからしょうがありません。しかしそれはなかなか続きません。皆さんのベストショットがずっと続くとたぶん70台はおろか、60台が出るんじゃないでしょうか？

ナイスショットとミスショットの差が少ない＝「そこそこ」とか「まあまあ」をつないでいけば、スコアは絶対に良くなりますし、「そこそこ」とか「まあまあ」のレベルを上げることが練習なのです。

ナイスショットを基準にショットをジャッジすると、「まあまあ、そこそこ」はミスショットとしてジャッジされます。いつもは打てない最高のショットを基準にしているのです。それも今日打った球ではなくて「生涯のナイスショット」と比較しているのです。ナイスショットが出なくても、「そこそこ」をとにかくつないでいく。するとナイスショットの確率が増えるし、ミスも減ります。ゴルフはプレー時間も長く、いい流れも悪い流れも来ます。その時に「そこそこ」を基準としていれば、必ずいい流れが来ます。ナイスショット基準では、いい流れを放棄しているのと同じです。

そして重要なことは、この「ナイスショット基準でクラブを選ぶ」ことが、スコアアップを遠ざけているんです。マッスルバックでもヘッドの小さいドライバーでもナイスショットを打つことはできますが、このようなクラブはミスがミスとしてはっきり出ます。つまり結果として「まあまあ」が出にくいクラブなのですね。ですから、ミスに寛容なクラブを使うことによって、「まあまあ」「そこそこ」な球を打つことができるのです。

マーク金井のクラブを選ぶ基準の最重要項目は「結果オーライがあるクラブ」です。クラブはどんどん進化していますが、残念ながら進化によって救われるのは技術がある人から順番です。上級者はミスの度合いが小さく、ミスの許容範囲内「結果オーライゾーン」に収まるようになるからです。しかしアベレージレベルでも「結果オーライ」があるクラブを使っていると、ミスの重傷度は確実に下がります。

塚田好宣プロは「ラウンド中にいかに事故を起こさないようにするかが大切」と言います。事故を起こしても軽い損傷ならまだ取り返せますが、瀕死の重傷だと、再起不能になります。「結果オーライ」で助かるクラブを使うと、瀕死の重傷にならずに、次のホールへ行く気力を与えてくれます。

クラブは服と同じです。まず自分のサイズにあったもの（重さ、硬さ）、そして、センス＝技術に応じた結果オーライゾーンがあるクラブを選んでください。

逆によく「ミスはミスとしてジャッジしてくれるクラブを使うと上達するよ」とゴルフ雑誌に書いてありますが、本当でしょうか？　練習場でナイスショットを打っているつもりの人が、それで上達するのでしょうか？

そもそもナイスショットとミスショットの差はどうやって縮まるのでしょうか？　次項では「根拠のないナイスショット、根拠のあるナイスショット」について考えてみたいと思います。

03 長いクラブで練習すると上手くなるという誤解

「アマチュアは綺麗なスイングをしたほうがいい。少し叩いても、あぁ、たまたまだったんだな、と言われるようなスイングを目指そう」

マーク金井は、ゴルフを知らない人がパッと見て「綺麗だな」と思うスイングをすることが大切と言います。雰囲気が良かったり、リズムが良いと綺麗に見えたりするのが、ゴルフスイングです。しかしマーク金井が「綺麗」というのは、雰囲気も大切ですが、ズバリ「スイングプレーン」です。まずこのプレーンに沿ってヘッドが動かないと、雰囲気がよくても、ボールは曲がってしまいます。

インパクトのフェースの向きも大切です。クラブの動き的には、軌道とインパクト時のフェースの向きでボールの行方は決まってしまうので、シンプルといえばシンプルなのです。あとはスピードをどう出していくかで飛距離が決まります。綺麗という定義は曖昧ですが、グッとタメがあって、切り返しでコックが解けないスイングは綺麗に見えます（いわゆるプロはすべてそうですから）。つまり飛んで曲がらないスイングということになります。その基準から見ると、「根拠のないナイスショット、根拠のあるナイスショット」がわかりますね（最低でもデジカメで動画撮影をし、スイング解析ソフトで見たいところですが）。ちなみにマーク金井は「あの人はこれぐらい（スコア）でまわるな」というのが見えてくると言い、ほとんど当たるそうです。

根拠のないナイスショットの何が問題なのだ？　と思われる方も多いと思います。でも、いいショットを打っていたのに突然崩れてしまうなど、皆さんも覚えがありませんか？　いいショットが続かない、典型的な根拠のないナイスショットを打っている人と言えるでしょう。

「皆、ゴルフ雑誌や本でヒントを得たら、ドライバーでやってみようとする。それもフルスイングで。それが簡単にできるのなら、プロにコーチはいらない。免許取っていきなりF1に乗ってコンビニ行くみたいなことをする。できるわけない」

免許を取って交通法規や運転方法を知っていても、いきなり正確に車を操作できるわけがない。そもそも危険です。なのにゴルフでは一番長く（遠心力が一番強く働く）、一番スピードが出るクラブでやろうとする。これでは正しい動きを覚えることが難しいのです。まずはスイングの動きやチェックポイントを知り、常にチェックする仕組みを作ることが重要なのですね。

そして最も重要なのが、「正確な操作ができる乗り物（クラブ）で慣れていく」ことです。車の運転でいきなりF1が無理なように、ゴルフの練習もいきなり長いクラブでは難しいのです。

自転車を乗り始めた頃のことを覚えていますか？　自転車でも補助輪を付けて練習しませんでしたか？　そうすることで自転車という乗り物に慣れ、やがて補助輪無しで乗れるようになったはずです。ゴルフで補助輪付き自転車に当たるのが練習器具。まずは練習器具で、正確な動きを反復していく。最初は小さくゆっくりな動きから、徐々に大きく速くしていく。

練習器具→短いクラブ、と徐々に難易度を上げていく、という段階が、スイングのレベルを上げていくためには必要なのです。球数を打って「球に当てること」が上手くなるのと、スイングが良くなる、レベルが上がることはまったく違うのです。

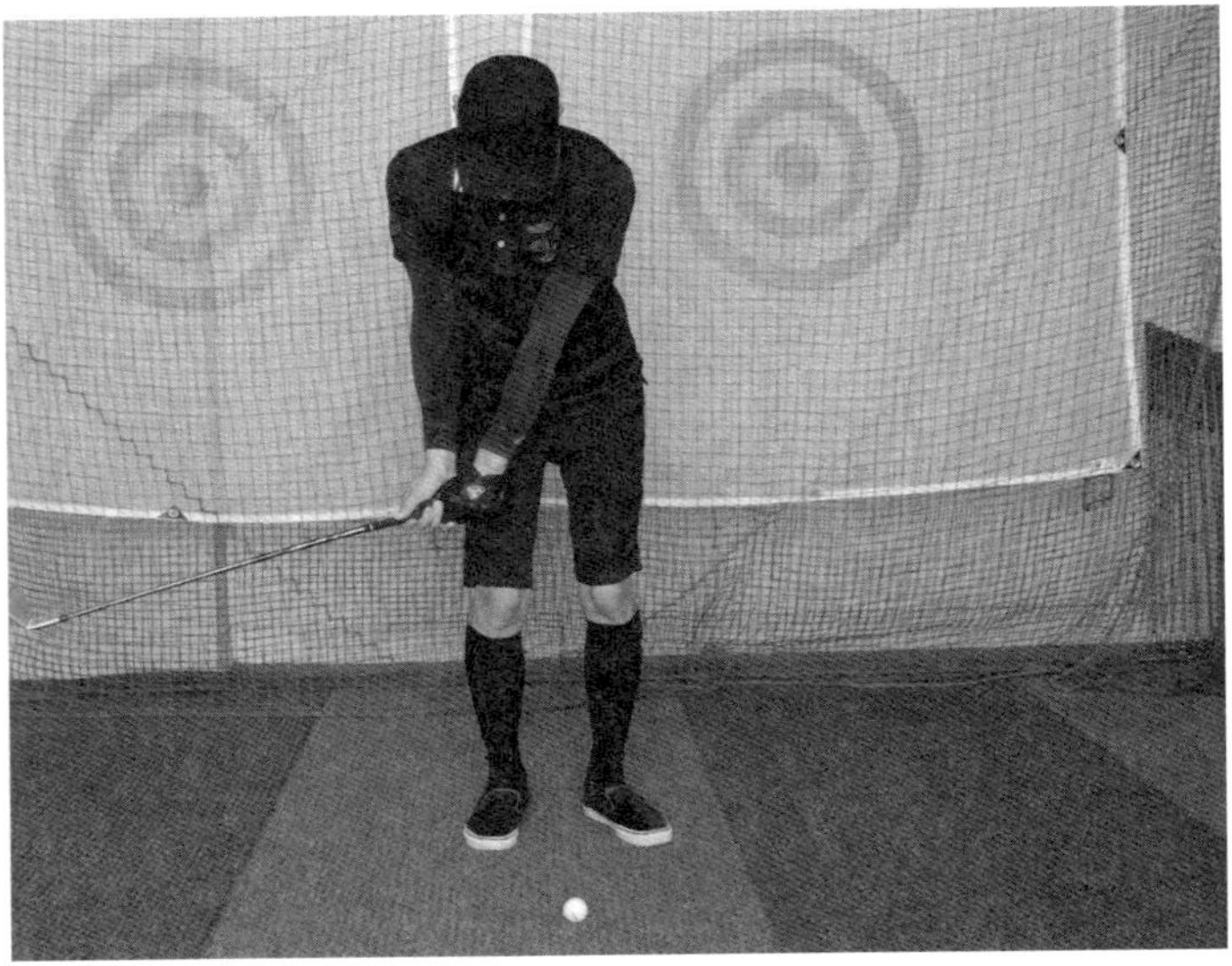

いきなりドライバーなどの長いクラブを持ち、フルスイングでスイングを変えようとするのは難しい。まずは正確な操作ができる短いクラブから始めよう。もちろん、練習器具から始めてもＯＫ。小さくゆっくりした動きから、徐々に大きく速くしていくことで確実に身につくはずだ。

04 「練習場でできる」は勘違い

残念な人は「練習場ではできるのになぁ」と言います。確かにコースと練習場ではショットに大きく差が出ます。もちろんそれは、練習場のショットのほうが良いと言いたいわけですね。しかし、練習場とコースでの差について考えた時に、何が一番違うのでしょうか?
そういえばマーク金井は神戸のテレビ局「サンテレビ」の小林佳則さんの番組に出演し、来年放送分にも出るようで、収録に出かけました。そしてアマチュアを見て、

「残念な人の共通点は、コースに出るとよくも悪くも、ショットを慎重に打とうとする。集中しようとしているのがわかる。プレショットルーチンをしっかりして打とうとする。でも一番大切なのは打つまでの動作ではなくて、打つまでの時間だ」

特にカメラが回るとアマチュアの方は緊張して、もうテークバックが上がらなくなりま

す。いわゆるフリーズ状態です。その一方で、マーク金井はアドレスに入って打つまでの時間が非常に短いです。初めて回る人は「もう打ったんですか！」と必ず言います。逆に練習している時のほうが、ゆっくり打っています。

マーク金井とT島は落語をよく見に行きますが、落語で一番大切なのは「間とテンポ」です。前座は間とテンポがよくないので、聞いていて心地よくない。それが少し腕を上げると眠くなります。これは間とテンポが良いので、心地よくなって眠くなるんです。ところが名人となると、間とテンポに加え、一瞬で空気を支配する力があり、眠くなりません。

プレショットルーチンにこだわる人は多いですが、構えて打つまでの時間にこだわる人はほとんどいません。ゴルフでも気持ちよく打てる間とテンポがあるのです。

練習場は皆さん、テンポよく打っています。ボールに向かい、アドレスして、打つ。コースでも同じテンポでできれば、練習場のように打ちやすいはずです。それを言うと「練習場では何発も打てるから、テンポが良くなるが、コースでは1球だけだから」というのです。

「練習場で打てるのになぁって言うけど、誰も練習場のように打ってない。そんなに練習場に行きたいなら、練習場の間とテンポで打てるように練習すればいいのに」

構えて時間をかければかけるほど緊張します。緊張して力が入るので、時間をかければかけるほどミスが出る確率が増えます。打ち放題でポンポン打って上手くなったと錯覚するのは、間とテンポが良くなるからです。打ち放題は下手になると言い切るマーク金井ですが、唯一メリットがあるとすれば、

「打ち放題は成果が出にくい。唯一メリットがあるとしたら、自分のナイスショットが出る間合いとテンポをつかむことぐらい？」

初心者がマーク金井と回ると非常に良いスコアが出ます。何故か？　移動、構えるまで、構えてから打つまでが速いので、すぐ順番が回ってきます。ある初心者は開口一番「ボールのとこへスッと移動して、パッと打って、それを繰り返して、余計なことを考える時間がなかった。それがよかった」と言いました。テンポ良く回ると、いい間合いとリズムになります。するとスイングも良いリズムで打てるのです。

練習場で、プレショットルーチンをして打っているならまだしも、素振りもせず打っているなら、同じように打たないと、テンポが悪くなるのは当然なのです。

「練習場ではいい球が打てるのになぁ」と思っている人は、コースでの間とテンポを考えてみよう。そして、余計なことを考える間もなく打ってみる。するとスイングも良いリズムになって、驚くほどミスショットが減るはずだ。ぜひともお試しあれ。

05 「素振りでできる」も勘違い

「練習場では、打ったボールにすがるしかない。練習場ではできるのになぁ、と言う人にまず練習場でできている人はいない」

練習場でできるというのは、ボールを何球も打ってラウンドしているのと同じことです。練習場で何球も打つというのは「結局はできていない」ということ。練習場でもできていないんです。

じゃあ、素振りではできてるんでしょうか？　残念ながら素振りでもできているのか、よくわからないのです。では素振りでできている人、できていない人を、どう見分けるのでしょうか？

おそらくほとんどの人が、構えた位置にヘッドが戻っていないと思います。まずはクラブを振ってみてください。素振りではクラブがプレーン上になくても、動きしか意識していないので問題になりません。ボールの位置に合わせた場合、オフプレーンになっている限り、ボールの位置に正しく戻ってこないのです。仮にボールがあったとしたら、ヒールに当たったりシャンクしたりするでしょう。

ボールが無いときからインパクトの位置に戻ってこない、構えた位置に戻ってこないということは、もうこの時点でスイングの大前提が崩れています。素振りの場合はクラブの動き、体の動きを考えたり、ヘッドの動きを考えて振ってください。優先順位はまずそこなのです。

仮に素振りでヘッドが正しく戻ってきたとしても、ボールを目の前にすると、人間は豹変してしまいます。ボールに向かった瞬間に気合いが入ってしまうのです。ボールがあると「飛ばしたい、当てたい」という気持ちが強く働いてしまうんですね。

スイングを変えている時には、この「飛ばしたい、当てたい」という気持ちがより強く働きますので、素振りでやろうとしたことが、一瞬にして飛んでしまいます。ですから、普通にボールを打ちながらスイングを変えていくということは、本当に難しく、果てしない作業であるというのが、よくわかるのではないでしょうか。

素振りで動きを身につけることは大切だし、上手くできれば効果的な練習であることは間違いありません。しかし「素振りではできるのになぁ」と思っていても、本当は素振りでもできていないのです。

06 「かたなし」と「型破り」の違い

突然ですが、皆さんは自分のスイングを見たことがありますか？　そして自分のスイングの問題点を把握していますか？

そもそも「自分のスイングを見たことがない」という人が多いのだと思いますが、では、スイングの良し悪しを何で判断しているか？　それは、打った球なんですね。「いい球を打った時にこんな意識を持っていた→するといい球が打てた！」＝「開眼」です。すると意識にすがるようになります。「○○を意識すれば大丈夫」と思いその意識をしますが、それは長くは続きません。

その開眼の繰り返しで、いまのスイングができ上がっているわけです。これは設計図もないのに、家を建てているようなもの。はたしてどんな家ができてしまうのでしょうか。

最近は動画チェックしている人が多いですが、何を見ているのか非常に気になります。チェックポイントはあるのでしょうか？

そもそも基準がないから、「できてる、できてない」は打った球次第。これでスイングが良くなるわけがないのです。

とりあえず方向付けるためには自分の設計図が必要です。さあ基準はタイガー・ウッズでしょうか？　石川遼でしょうか？　こう言うと、「プロは筋力があるから参考にしても……」という方がいらっしゃいます。それはそうですが、クラブを効率よく動かすことができるのがプロです。筋力にかかわらず、動かし方に共通点があります。それを知ることで、スイングに対する理解度が増します。マーク金井が言うところの「型《かた》」です。

「カタチがないくせに、自分のスイングはどうのこうのと言うけど、落語も同じらしくて、亡くなった談志師匠が上手いこと言ってたな。『基本となるカタチがないのが〝かたなし〟といい、カタチがあって更に越えようとするのが〝型破り〟！』」

アマチュアのほとんどが、〝かたなし〟なのに、自分は〝型破り〟なつもりなのでしょうか……。もう目線は「おれはわかってんだ」です。まずは型なんです。マーク金井が型をチェックする際に基準とするのはタイガー・ウッズ、最近は諸藤将次プロですね。飛球線後方と正面からチェックします。

まずリサーチから。自分のスイングを知りましょう。

07

意識だけではスイングは変わらない

「やはりゴルフは、プロに習ったほうがいい。レッスンプロ（ゴルフスクール）を選ぶコツは、必ず動画でチェックしてくれること。そして見極めるコツは、質問したことにちゃんと答えてくれること」

アナライズにスイング診断に来られた方が面白いことを言っていました。スクールに通っていると言われたので、「今、何を指摘されますか?」と尋ねたら、「クラブが外から入ってくる」と。「じゃあ、それに対してプロはなんと言ってます?」という問いには、「インサイドアウトに振ってください」といつも言われるそうです。

こう言われてインサイドアウトに振れるんだったら、もうとっくに直っているわけで、これでは何も答えていないに等しいと思いますが、残念ながらこういう話はよく聞きます。意識するだけでできるなら、皆さんスイングに悩むことはなくなりますよね。

実際動画を使って問題点がわかっても、解決策が「意識しよう」ということになりがちです。そもそもスイングは、なにか意識しながら振っているのです。だからと言ってすり込まれたものが、意識の変更で変わるほど簡単ではないのです。

「僕は動画で必ずチェックしながら練習する。それは自分の動きのイメージと実際のズレが必ずあるから。ゴルフでも他のスポーツでも、このズレを知らずして上達はない。あと、自分が気持ちいいというのは、危険であることを知ってほしい」

そう、まず自分のイメージと、実際のズレを感じてもらわないと、改善すべき点が見つかりません。こうクラブを動かそうと思っているのに、実際はこう動いている。皆さんが、ゴルフ雑誌を読んで「コレだ」と閃いて練習場に来てバカバカ打っても、実際クラブがどう動いているかを見ない限り、開眼でも何でもないわけです。

実際にスイング動画を撮って動きを変えようとしてみてください。どんなに意識しても5ミリも変わりません。それは動画を見てみればわかるのです。残念ながら意識で変わるのは、選ばれた人だけなのです。

自分のスイングを知り、問題点を把握する。そのためには動画でチェックすることが有効な方法だ。撮影はスマートフォンのカメラでOK。スイングチェックアプリもあるので積極的に活用してみよう。

08 気持ちいい動きと気持ち悪い動き

人はみな自分の感覚は正しいと思っています。自分のセルフイメージがあり、気持ちよく振るとそのイメージに近いと思い込んでいます。マーク金井は自分のスイングをほぼ毎日見て練習しています。映像に写っているのが「自分」で、自分でこう振っているという感覚から喋ることはしません。映像に写っているのが自分のスイングのすべてと思っています。セルフイメージの入り込む隙間がありません。クラブの動き、ヘッドの動きを正しくするためにどう自分で動くか？　を考えているのです。

残念ながら、一度染み付いたダメな動きは、なかなかリセットできません。長くゴルフをやっていればなおさらです。「気持ちいい」という動きは、今までと同じだから気持ちいいのです。そして気持ち悪い動きというのは、馴染みのない動きだからです。「何かを変える＝気持ち悪い」ということは絶対に避けて通れないのです。

「動きを変えてボールを打つということは、気持ち悪いものです。逆に気持ち悪くないのは、実は何も変わっていないということ。僕らはプロゴルファーじゃないので、誰も妄信的に信じてくれない。だから診断する際には、必ず映像を使って客観的に見てもらう。でないと気持ち良さから抜けられない。それぐらいセルフイメージは強固なんです」

診断でスイング動画を撮ってみせると、たいがいのお客さんは、ショックを受けます。「いまのはちょっと違っていたので、もう一度撮ってください」という人も結構いらっしゃいます。しかしその人なりのチェックポイントを踏まえて撮り直しても、変わっていません。

逆に毎回映像を撮っていて思ったのですが、ボールを綺麗に打てていない時のほうが、スイングが変わっている、改善できている場合が多いのです。素振りで反復することは非常に大切です。でもどんなレベルの選手でも、ボールを前にすると「気」が入ります。

「もちろん素振りで動きを違和感なく行えるようにすることは大切だけど、僕はボールを実際に打って練習している。それは気が入った時に正しい動きができるように。打ったボールはどうでもいい。まずは型をチェックしてる」

③

④

⑦

⑧

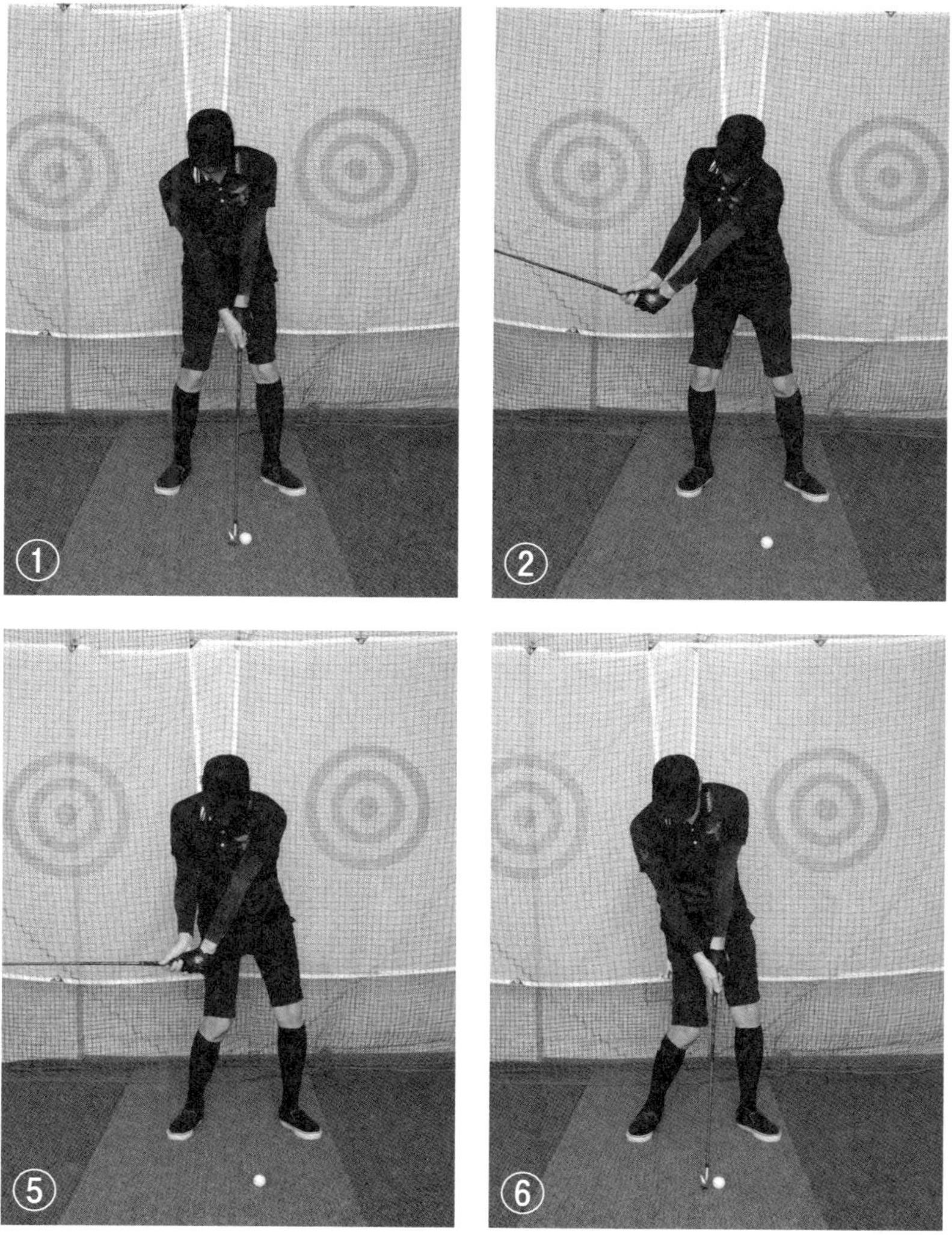

型をチェックする際のポイントはこの8個。①アドレス、②ハーフウェイバック、③トップ、④ダウンスイング、⑤ハーフウェイダウン、⑥インパクト、⑦フォロー、⑧フィニッシュ。

③

④

⑦

⑧

型のチェックポイントを後方から撮影。これら8個のポイントに注意しつつ、実際にボールを打ってみよう。

09 「開眼した！」と言ってる限り上手くならない

練習場で「開眼」したと言ってる人がよくいます。Twitterなどでもよく見かけますね。ボールを右に寄せてみたらいい球が打てたとか、肘を意識してみたらすごく良くなったとか。でも長くは続きません。それって幻？

「僕は感覚を捨ててくださいとよく言います。練習する時に、動画撮影している、写っている事象が事実です。自分で20センチ上げる位置を変えたつもりでも、動画を見ると1センチも変わっていないのです。それぐらい開眼は危ういものなのです」

実際、開眼後と開眼以前のスイングを動画で比べても、ほとんど差がありません。前項で「練習場でミスショットしても、ナイスショットしても、動きに差がない」と書きましたが、「開眼」もまさに同じ。ゴルフ雑誌に書いてある「キーワード」で開眼したとか言いますが、ゴルフ雑誌に書いてあることは、たとえ有名レッスンプロ（医者）が書いていても、それは「処方箋」ではありません。ゴルフ雑誌に書いてあるレッスン記事は、たとえ医師が出していたとしても、純然たる薬ではなく、「特定保健用食品」くらいと思ったほうが安全です。効果があればいいね、ぐらいで思っていてください。

そもそも「クラブをどう動かすことが理想であるか？　ということを知らない」ということは、そもそも健康というのはどういう状態か、具体的に知らないということです。なのに、健康になりたいと言って、他人に出した薬を飲もうとする。残念ながら、自ら寿命を縮めようとしているとしか思えません。

プロやごく一部の上級者は、健康である状態を知っています。そして自分が悪いところは、どこか、自分のスイングを知っているのです。

ですから、そのための処方箋的な、彼らなりの「キーワード」を口にしているのです。たとえば手を使いすぎる人には「体で打つ」、振り遅れ気味な人には「正面で打つ」等々。その言葉だけを切り取れば、たまたま一瞬「開眼」するかもしれませんが、長くは続きません。そしてその言葉をそのまま受け取っても誤解するだけです。

健康な状態を知らない＝目指す方向を知らないのに、「開眼」はありえません。まずはしっかりと、理想のスイングと自分の現状を比較しましょう。そのためには、常日頃から動画でスイングをチェックすることが必要になってくるのです。

10 自ら「呪い」をかけるのが残念な人

マーク金井はよくこう言います。

「一番残念な人は、自分が残念な人であることに気がついてない人」

T島もTwitterやFacebookを見ていて思うのですが、「ドライバーも調子良かったし、アイアンも切れてたけど、叩き出したら止まらなくて、ダブルパーが出たりして、100を超えた」とか……。

叩き出したら止まらないってことは、それってミスショットもたくさん打ってるわけで、アイアンが切れてるわけでもなく、ミス連発しているわけでしょう。しかしナイスショット基準なので、ミスショットが消えてしまっているのでしょうね。まさにギャンブルで、勝った時しか覚えていない人たちと同じです。というか、ゴルフもギャンブルそのものなのでしょう。

ナイスショット基準で考えるということは、ショットのほとんどが、ギャンブルショットをしているということになります。でも負けていても気がつかないのです。ナイスショットと致命的なミス。その間の、そこそこの確率を上げればイイのです。

マーク金井はラウンド中、常に結果オーライな部分を探しています。左にチーピンを打っても「ＯＢにならずによかった〜」と喜び、ネガティブな言葉を常にポジティブに変換しています。

「ゴルフは呪いのスポーツ。池があると池の呪いに負け、バンカーが苦手だとバンカーに打ってしまう。残念な人は自ら呪いをかけるようなことばかり口にする」

そうですね。1・5メートルのパットを打つ前に、「嫌な距離だな」というだけで、もう入らない呪いにかかります。「苦手だ」というのは呪いです。だからマーク金井は、自ら呪いをかけずに、呪いを解く言葉を発しているのです。そう、残念な人は変なところに自信を持っているくせに、ラウンド中は自らに呪いをかけて、はまっていくのです。

池に入らないようにとか、OBを打たないようにとか、パットを外しそうだとか、残念な人は常に「呪いの言葉」を口にして、自らに呪いをかけてしまう。

11 人は信じたい嘘だけ信じて生きていく

残念な人は、ラウンド中にキーワードを唱えています。「インサイドアウトに振ればスライスしない」「ヘッドアップしない」「アプローチをチャックリしない」などなど。いま何を考えて打ってました？　と聞くと、皆さん、そういう「キーワード」を答えてくれます。

「人は信じたい嘘だけ信じて生きていく」

これはマーク金井オリジナルではないようですが、名言ですね。

こういったキーワードにすがるゴルファーが実に多いです。そもそも原因がハッキリしていないのに、薬にもならない、民間療法をしているわけです。そういうチェックポイントにすがっています。まあ、まるっきり的が外れているわけではないのでしょうが、そもそも誰かがくれた、よくわからない怪しい薬かもしれないのです。

マーク金井はラウンド中、アドバイス的なことは何も言いません。それは言っても仕方ないからです。以前、自称ベストスコア98のグラビアアイドルさんと撮影したことがありました。その時彼女が6回連続で空振りしました。現場が凍りつき、周りから「何かアドバイスを！」と言われましたが、「そんなないわ〜」と言って、更に凍りついたことも。ラウンド中の言葉は非常にスイングを左右してしまいます。しかし残念な人が発するキーワードはあまりに的外れで、陳腐です。経験の少ないゴルファーは、このようなキーワードで簡単に壊れてしまいます。

残念でない人は、自分が残念でない、と思っているわけで、周囲の人に簡単に民間療法的なアドバイスをします。それを真に受けて、壊れていく人は少なくありません。真に受けるほうも、残念な人になってしまいます。そういう場合は、ハイハイ聞いたふりをしてスルーしましょう。

ゴルフ雑誌についても同じです。わかりやすさより、目につきやすい、目をとめやすいことが優先され、手順を踏んで説明していたことが、キーワードになってしまうのです。確かにまとめるとそれなりのキーワードになり、雰囲気は伝わりやすくなりますが、中身はブレますし、薄くなります。レッスン記事は特にその傾向が強くなりますね。

ゴルフ雑誌のレッスンページを真に受けるのは残念な人かも……。ということで、あなたも実は残念な人かもしれません。

雑誌の記事を見る度に、一生懸命練習するゴルファーは多い。しかし、その記事の読者対象がずれているとしたらどうだろうか。雑誌の記事は誰を対象にしたものか、よく見極めることが必要だ。

12 ポジティブ思考のススメ

T島は、マーク金井に勧められて内田樹さんの著書『呪いの時代』を読んでいます。まさに残念な人向けの本です。私もこの本を読んでゴルフにプラスになるなと思いました。ゴルファーは、誰もがこの本の言うところの「ほんとうの私」というのを強く持っています。しかしゴルフにとって、「客観的なあなた」は平均スコアなのです。でも一度素晴らしいスコアが出たら「ほんとうの私」は増長し、そこを基準に考えてしまいます。ナイスショットとベストスコアから考えてしまうのです。

上達したかったら競技に出ろ、とよく言われますが、これは「ほんとうの私」をその場で出すしかないからではないかと思います。そこでスイングやゴルフを見られ、スコアを見られます。

「僕はスコアさえ出ればスイングはキレイじゃなくてもいい、なんて思いません。アマ

チュアこそキレイなスイングでゴルフをして欲しいと思います。キレイなスイングで打っていれば、アウェイに強くなります。見る人が見れば、ちょっと出だしダボを打っても『この人は今日調子が悪いのだな』と感じるものです」

そう、ゴルフ歴が長くなり、競技を長くやっていると、「上手い人オーラ」を感じるようになります。「この人は上手いな」と感じるようになるんです。ベテランのキャディさんは、プレーする前にキャディバッグや格好を見ただけで、その人の腕前がわかると言います。

そういえば以前こんなことがありました。同伴しているビギナーの人が、私と友人のトップアマに「その人にとってのナイスショットがわからない」と聞いてきたのです。なんでそんなことを聞くの？　と聞くと、ビギナーの目線で「ナイスショット！」と声をかけていたら、「こんなのナイスじゃないわ！」と怒られたことがあるというのです。そのトップアマは、「僕は〝ナイスショット〟と言われるとすごくウレシイし乗っていけるので、OBとかじゃなければ、全然構わないですよ」と言いました。

私はこの人はさすがだな〜と感心しました。でも中途半端に上手い人は、そんなことを気にするようです。これはまさに、自らに呪いをかけているようなもの。トップアマは「なんだナイスショットなのか！　いいじゃん」と逆に喜ぶようです。そうやって自分のテンションを保って、呪いにかからないようにしているのです。

「僕はゴルフにかぎらず、どんなネガティブワードもポジティブワードに変換できるように、常に心がけています。ほんとに最悪な状況というのはなかなかありません。バンカーでグリーンに打てなくても、ヨコに出せるだけよかった、と思いますし、空振りしてもOBよりましです。本当に最悪な状況にボールがある場合は、あきらめてアンプレアブルか、打ち直すしかないじゃないですか」

マーク金井のなにがすごいかというと、このポジティブワード変換機能です。この人に呪いはかかりません（笑）。

呪いは言葉を記号化してしまいます。記号化してしまうと、中身に具体性がなくなり、当事者意識が消えます。そのミスを今後のために具体的に再現することができなくなってしまうのです。たとえば「僕にはゴルフの才能がない」と言ってしまっては、次につながりませんね。さらに「練習しないほうがスコアがいい」となってしまいかねません。

マーク金井なら、「まあ、ダメな日もあるし、今日はオレの日じゃなかったけど、いやー、すごい課題が見つかったわ」と笑い飛ばすと思います。

何の才能がないのか？　とりあえず、起きた物事を分析したり、どうしてだろう？　という思考回路がないということは間違いないでしょう。まあ、当人も本当に才能がないとは思っていないはずです。でも呪いにしてしまうと、「才能」で片付けられてしまうんです。本当は「才能がないわけじゃない」と思っていて、「ほんとうの自分」をわかってくれる誰かが、「そんなことないよ」と言ってくれるのを待っているのです。

「スコアにこだわらないと口にするゴルファーは多い。でもそういう人に限ってちゃんとスコアをつけている。こだわらないならスコアなんかつけなければいい。ゴルフは楽しい。絶対言えるのはスコアが悪いより、良いほうが絶対楽しい。たくさん叩いて『ゴルフなんかやめてやる！』という人がよくいるが、やめた人を見たことがない。ゴルフをやめる人はヒッソリとやめていくものです」

起きた事象をどう受け取るかで、今後の問題改善の効率が大きく違ってくるのです。ポジティブに取ると、上達のためのネタがどんどん生まれてくるのです。

バンカーでグリーン方向に打てなくても、横に出せるだけで良かった。空振りしてもOBよりまし。
こう考えるだけで「呪い」にかからず、「残念な人」になることを防げるのだ。

13 ゴルフをビジネス的に考えてみよう

マーク金井は激しくいろんな本を購入しています。その際に「T島はん〜、この本オモロイで」と教えてくれます。ほんとに面白い本が多いのでT島も素直に購入しています。「貸して」とは言いません。ほんとに必要と思う本なら投資することに価値があると思います。自分で対価を払うからこそ得られるものが多いと思います。

有料メルマガを購読していただいている方は、よくおわかりだと思います。投資するからリターンがある。しかし今はネット社会、ちょっとググれば情報が無料で手に入ります。これに慣れてくると情報は無料だと思い始めます。マーク金井は長年ブログをやってきました。結論を書かないと、もったいぶって……とかよく叩かれていました。

「僕は長年ライターの仕事もしてきたプロ。プロが無料で書いているのに、結論を書かないと『もったいぶって』という。ブログ読者は投資をしていない、なのにリターンを

求める。スイングをなんとかしたいなら投資すること、効率を求めれば何に投資すれば一番かわかる。投資と考えてみることが大切」

何に投資すれば一番効率が良いか？　まるでビジネスですが、ビジネス的に考えればゴルフはきっと上手くいくはずなのです。いつものように練習場で運動して、いつものようにコースに行く。それでは上達しないのです。

さらにゴルフ雑誌を読んで試すこともしてしまいます。しかし、雑誌の記事に決定的に欠けているのが、「誰に対して」ということ。対象を書くと層が限定されることになり、記事を読んでもらえないからです。

同じように、「あの人はシングルだから」という理由だけでアドバイスを聞かないほうがいいでしょう。この人たちは自分が上達していった過程を言葉にしている場合がほとんどで、あなたの課題に当てはまらない場合が多いからです。これはツアープロも同じ。そもそもツアープロは超エリートゴルファーです。

「ツアープロは、我々アマチュアが悩むゴルフにとって大切なところが、自然にできた人、

超エリートなのです。そもそも我々がつまずくところで止まっていては、ツアープロにはなれません。残念ながらどうしてできないの？　というところからスタートするのです」

野球で言えば長嶋茂雄でしょうか？　あるレベルに達した人にしか通じない世界。そういうものがあるのは事実。それぞれ言い方も注意点も違う。バックグラウンドも違うので、同じような動きをしていても注意点の表現が全く違うわけです。

「ゴルファーは2つのDNAタイプに分かれる。アンダーになってしまいやすい人、上からカットになってしまいやすい人、この2つ。決してそれは完治しない。つねにそれと付き合っていくしかない。発病を防いで付き合っていくしかない。どんなプロ・上級者でも自分のDNAからの話をする。だからそれぞれ発病を防いでる分、チェックポイントが違う。どちらもオンプレーンに振りたい。そして軌道がもし近いとしても、逆のことを口にするのです」

何に投資すれば一番効率がいいのか？　そこにゴルフ上達の答えがある気がします。

ゴルファーは2つのDNAに大別される。1つはクラブがプレーンの下から入り、アンダーになってしまいやすい人。いわゆる「クラブが寝る」という動きだ。

もう１つはこのようにクラブがプレーンの上から入り、カット軌道になってしまう人。どちらも身体に刻み込まれたようなものなので、完全に直すことは難しい。

14 自分の基準を知り、スコアの中身を知る

かつて週刊ゴルフダイジェストに「とにかく80台で回りたいんだ」という連載がありました。コラムニストの木村和久さんと「カイジ」などでお馴染みの漫画家の福本伸行さんが書いておられました。この連載、Twitterを見ているとハンデ15前後の方は、あまり興味を持っていなくて、シングルレベルの方から高い評価を得ているように思いました。

「残念な人は自分が残念であること自体に気がつかない。気づいていても、なぜ残念であるかがわからないので、結局残念なことに変わりはない。上級者ほどこの連載を面白がるのは、自分の位置を知っているから。だから切り口が面白く感じられるわけです。残念な人は自分のカッコイイゴルフという枠から抜けられないのかもしれません。ゲームとしての戦略などないからです」

木村さんは「○○でなければ！」というこだわりがなく、楽しく飄々とゴルフをされます。フォームはお世辞にもカッコイイとはいえません。しかしゴルフというゲームに実にクレバーに取り組んでいます。

「木村さんは自分の飛距離とゴルフがわかっているのです。使うクラブも得意なクラブしか使わないと決めています。選択肢が少ないということはスコアに良い影響を与えます。不要な悩みはないほうがいいのです。バンカーショットでも、何でもないバンカーショットより、出すだけで精一杯ぐらいの状況のほうが上手くいったりします。なんでもできるということは、何にもできない危険もはらんでいるのです」

木村さんは１ＷとＵＴ１本と７番～ＳＷとパターの８本でゴルフをしてました。ＵＴは１４５ヤードから１８０ヤードを打つのですが、これがほんとに上手い。すごく得意といっていました。得意なクラブしか使わないのです。５番アイアンや６番アイアンも難しいからと使いません。でも「カッコ悪いので本数はちゃんと入れておくんだ」とおっしゃっていました。

「木村さんは自分を知っている。もちろん70台も出せるけど90台も叩く、平均ストロークを知っている。でも残念な人はいいスコアは覚えていて、大叩きを忘れる。まるでパチンコで勝ったことを自慢する人みたいです。忘れたいと思っていることを忘れているから、負けたことも忘れる。でも木村さんは、少しぐらい叩いても実力がわかっているから言い訳をしない。言い訳しないと気持ちをキープできるから最後まで粘れます。スコア管理をやっても上手くなれませんが、自分の基準を知ることで余裕を持ってプレーすることができます。残念な人は基準を自分のレベル以上に置きすぎて、叩いた叩いたと言い訳を探します。自分の位置がわかると、無用に心に波風が立ちません。1打に集中すればいいのです」

「単に数字を取って分析するだけでは上達しません。パーオン率を高める中身が何かわからないと具体的な手は出てきません。僕が思うのは何番で打ったかというデータは大切だと思います。スコアがいい時はセカンドで同じ番手を持つことが多いとか、番手別のデータなど発見しやすい切り口があるとすれば、スコア管理に意味が見いだせると思います」

第2章

致命的なミスショットが激減するスイングとクラブと練習法

スイングとクラブは密接な関係があり、
どちらもゴルフ上達には欠かせない要素です。
現代のクラブには現代のスイングが必要。
ここではさらに練習法まで加えて考え方を解説しました。

15 テークバックで脱輪しないことがスイングの第一歩

マーク金井は定期的に「脱残念な人」セミナーを開催していますが、セミナーではまず全員のスイング動画を撮影します。これは一発勝負。絶対に1球だけしか打たせません。

そしてマーク金井からの質問。

「いつものスイングができなかった人？」

ほとんどの方が手を上げました。それって残念な人なんですけど……。

「コースではいつもこういう状況でしょ？　いきなりはじめてのライで打ちます。その

時に、練習場通りに打てる、いつものスイングができると思っていると、ミスすると腹が立ちます。でも、僕はそもそもいつものスイングができるわけがないと思ってゴルフ場でプレーをしている。僕にとってミスショットは、クラブがボールに当たらない、すなわち空振りだけです」

ミスの原因は？　という問いかけには、スタンス、ライが違う、気持ち等々、イロイロな答えが出てきます。そして練習場とコースどちらがいい球を打てますか？　という問いかけには、皆さん「練習場」と答えます。

しかしマーク金井は、「コースです」と答えます。マーク金井は取材以外で練習場に行きませんから、ナイスショットもなにもないのですが……。

T島もコースなんです。本書を読んでいる皆さんも、自分の仕事に置き換えていただければ簡単に理解できると思うのですが、本番で本当にいい仕事ができた！　と思える瞬間が今まで何回ありましたか？　練習場でのナイスショットほどないでしょ？　しきい値を下げるというか、現状をしっかりと見つめましょう。ナイスショットが出るから良いスイングというわけじゃないのです。

では良いスイングというのは？　と皆さんにお聞きしましたら、再現性が高いという声が多かった。ナイスショットが続けて打てるとか、具体的ではない答えが……。

「アッと思ったミスショットが、大したミスにならない。思ったように打てなかった時に、大して曲がらない、大したミスにならないのが良いスイングです」

これが脱残念な人の大事なポイントです。良いスイングとは、良い球が続けて出ることじゃなくて、アッと思っても、ミスの度合いが低いスイングのことなんですね。

インパクトで正しい軌道にあればいいんだろう？　という人がいますが、いきなり脱輪してしまうと修正する動きが大きくなってしまうので、複雑な動きを求められます。複雑になるとそれを固めるために練習場に行かねばならず、たくさん練習しないとちゃんと打てないスイングになってしまうのです。

「自転車に一度乗れたら、10年乗ってなくてもすぐ乗れます。ゴルフはどうしてそうではないのでしょうか？　いつも練習場で練習しないとちゃんと打てないというのは、何かがおかしいのです」

テークバックで脱輪してしまうとプレーンに戻しにくくなるので、できるだけ正しい軌道でクラブを上げたいところ。インサイドに上がり気味な人はクラブの通り道にパイロンを置くなど、強制的にインサイドに上げない練習が効果的だ。

16 スイングの基準はスイングプレーン

前項で、テークバックで脱輪しないことが重要という話をしました。では脱輪しているかどうかはどうやって確認するのでしょうか？　基準となるのはスイングプレーン（シャフトプレーン）です。

スイングを動画で撮影して、スイング解析アプリなどで開いてください。まずアドレスでボールに構え、シャフトに沿って線を引きます。これがシャフトプレーン。通称スイングプレーンです。スイング中、手もヘッドもこの線の下に来ることはありません。しかしテークバックをインサイドに引くと、まずヘッドがこの線の下に入ります。つまり、テークバックをインサイドに引きすぎということになります。

テークバックで手がこの線の下に来ると、上に上げられないポイントが早く来ます。すると、手が行き場を失って垂直に上がり、一気に線の上に来て、トップでシャフトがクロスします。前回お話ししたように、テークバックの脱輪がスイングに影響を及ぼすのです。アウトサイド（線の上）に上げすぎてもダメです。

セミナーに参加された皆さんは、４名がプレーンの下（インサイドに引きすぎ）、２名がプレーンの上（アウトサイドに引きすぎ）にテークバックしてしまっていました。すでにこの時点で脱輪しているのです。プレーン上にテークバックするというのは、なかなか難しいのです。

「自転車に乗れてるスイングはテークバックが決め手。スイングは、ビジネスゾーンと言われる『インパクト前後が良ければいいのだ』と言う人もいます。それはそうだけど、スイングが複雑になると再現性を高めるために、練習量が激しく必要。練習場で変なスイングでもボールが飛んでるゴルファーは、このパターンがほとんどでしょう。でも練習しないと上手く打てないのです」

こういうスイングは、残念ながら調子の波が激しい。だからたくさん練習しないといけないのですね。自転車に乗れるスイングは、テークバックが決め手なのです。ということで、徹底的にセミナー参加者のテークバックをチェックするマーク金井。それではテークバックはどう引くのがいいのでしょうか？

「まず手を少しスライドさせて、そこからコックを入れます。テークバックでいきなりコックするのじゃなく、手を10センチスライドさせて、そこから一気にコックする。その時に右手と左手でできる三角形の中にコックしていきます。ここを外れたらダメです」

多くの人は右ヒジを開きながらコックしていきますが、そうすると、手首がスイングプレーンの上に離れて、ヘッドがスイングプレーンの下に入っていきます。これはシャンカーに多い動きです。フェイスも開いてしまいます。テークバックでコックが完了するまで、手はスイングプレーンの上に沿っていく。そしてそこからプレーンから離れて上がっていくのが正しい動きなのです。

テークバックは非常に重要なポイント。なのに皆さんそこを余り見ず、ダウンスイングばかり問題にしますが、テークバックで脱輪してしまうと、トップでの切り返しからダウンスイングで、手とクラブをプレーンに乗せることが非常に難しくなります。テークバックのツケをダウンスイングで払っているのですね。

シフトの線に沿って引いた線が「シャフトプレーン」。この線に沿って手とクラブが動くのが理想的。テークバックでこの線の下に来てしまうと修正が難しくなる。

17 クラブの進化とスイングの関係を理解する

以前、マーク金井が試打の時にＰＩＮＧのｉ20が一番飛ぶと言い切ったあとで、ヘッドのデータを検証すると、飛ぶ要素がすべて揃っていました。

「ｉ20には、僕が考える『飛ぶ要素』がすべて揃っている。しかし残念ながら、使いこなせるのは、ごくわずかなゴルファー。飛ばせるクラブとスイングが両立しないと、残念ながら飛距離は引き出せない」

これは決してｉ20が難しいクラブだと言っているわけではありません。要素としては、重心距離が長い、ヘッドが重い、重心位置が低いということです。そもそもこういうヘッドは、シャットフェースに使えないとボールは右に飛んでいくか、スライスしてしまいます。重心距離が長いと使いこなせないという人は要注意です。

しかし使いこなせるとメリットがあります。日本にはシャットフェースはダメ、というシャットを否定するレッスンプロが多いです。しかし、米ツアーの若手の飛ばし屋はほとんど例外なく、シャットフェースで飛ばしています。

そして、日本のプロのようにプロトタイプやオリジナルモデルはほぼ見受けられず、市販と同じヘッド。４４０ＣＣや４６０ＣＣのフルサイズです。小振りなヘッドを使っているプロもほとんどいません。そして、大きいだけでなく、重心距離が40ミリを超えるモデルばかりです。下手をすると日本のヘッドの小さいプロ向けモデルと比べると、10ミリ差があるモデルもあります。

「日本のアスリート向けドライバーは、ガラパゴス化してきている。日本ではプロの要望を聞いて、小振りヘッドが全盛だけど、アメリカはフルサイズのヘッドしかない。道具の変化にプロが対応しようとしている。そしてスイングが進化している」

シャットフェース＆フルサイズヘッドは、もはや新しい飛ばしのスタンダードとなっているのに、日本は未だにシャットフェースはダメと言われているのです。不思議ですね。

現代の重心距離が長くなったクラブはフェースが開きやすいので、シャットフェースが合っている。
テークバックでフェースが下を向くように上げていこう。

18

練習しなくても再現性の高いスイングを目指そう

「みなさん練習場やラウンドで、調子のことを口にします。調子が良かった、調子が戻ってきた……。スイング的に良くなった悪くなったと同じ意味に使っています。でも、ボールに当たる当たらない、いい球が出る出ないというのは、再現性の問題です。スイングが良くなったわけではないのです」

スイングが良くなったという意味で「調子」という言葉を使っているわけですが、やはり皆さんスイングに危険な爆弾が仕込まれていて、それが何かのキッカケで爆発すれば、撃沈ということになるわけです。爆発を止めるために練習場に行き、再現性を高める反復練習を繰り返すわけですね。

マーク金井ブログでは、かつてGDOブログで連載していた「自転車に乗れるスイング」という記事を集約したものを掲載しています。そもそも「自転車に乗れるスイング」というのは、自転車は練習して一度乗れるようになると、何年乗らなくても乗れてしまいます。不思議ですがそうですよね。乗るまですごく苦労して、補助輪をつけて両親に手伝ってもらい練習して、乗れるようになったら、もう一生乗ることができるというものです。

自転車は一度覚えると乗り続けられるのに、どうしてゴルフスイングは練習し続けないとうまくいかないの？　というところから名付けられているのです。しかし練習しないと再現できないというのは、何か欠陥があるということでは？　ってことなんですね。

「理にかなった動きをしていれば、練習しなくても再現性は高いはず。ここから僕の『自転車に乗れるスイング』という言葉が生まれたのです。ハッキリいいます。スイングが良ければ、練習場に通わなくても再現性は高くなります。そして良いスイングというのは、ただボールを打っているだけでは身につきません。逆に練習場は危険がいっぱいです。自転車に乗れなくなる誘惑にあふれているのです」

アナライズの練習器具は、どれも自宅で使えるものばかりです。これは練習場に行かないでね、というメッセージも込められています。繰り返し言っていますが、ボールを打つということは、危険をはらんでいるのです。

スライスを直したい、チーピンを止めたい……。ハッキリ言ってこれは練習場ではムリ。パソコンがフリーズした時と同じように、まずはスイングをリセットしないといけませんが、練習場ではリセットができないからです。とはいえ、ゴルフが好きな皆さんは、練習場に行きたい、ゴルフ場にも行きたいで、なかなかリセットできません。

「僕の練習器具は自転車に乗れるスイングのためなんです。しかしせっかく覚えた正しい動きを、皆さん練習場でリセットしてくる。すると今までの調子が戻ってくる。すなわち昔のスイングに戻してしまうんです。これが残念でなりません」

そうなんです、一番問題なのは、調子がいいことなんですね。

スイングを変えていると、上手く打てません。かといって、ゴルファーはラウンドを我慢できませんよね。1ラウンドで打つフルショットは、せいぜい50回~70回といったところでしょうか。できればラウンドしないで、練習器具を使って練習してほしいところですが、それはなかなか難しい。ラウンドは仕方ないとしましょうね。

ゴルフが大好きな人たちは、練習場で軽く100球は打ってしまいます。調子が悪いと、さらに1カゴ、2カゴ追加となります。球数でなんとかしようとするんですね。こうなると、どんどん自転車に乗れるスイングから遠ざかり、自分にとって気持ちのイイ、元のスイングに戻ってしまいます。気持ちいいスイング＝なじみのいつものスイングです。動画で見たら、何も変わっていないことに気がつきます。

「調子が良い、悪い。もちろんあると思います。プロでも60台の次の日に80台とか、スコアの幅があるんですから、我々もそれぐらいは覚悟しましょう。ベストスコアプラス20打は出ます。それがゴルフです。しかしその幅を狭くすることが上達です」

ゴルフは残酷です。プロの試合を見てもそれは明らか。何があるかわかりませんから、凹まずにいきましょう。叩いた後、ゴルフヤメてやると言う人が多いですよね。でもやめられませんから、前を向いてがんばりましょう。

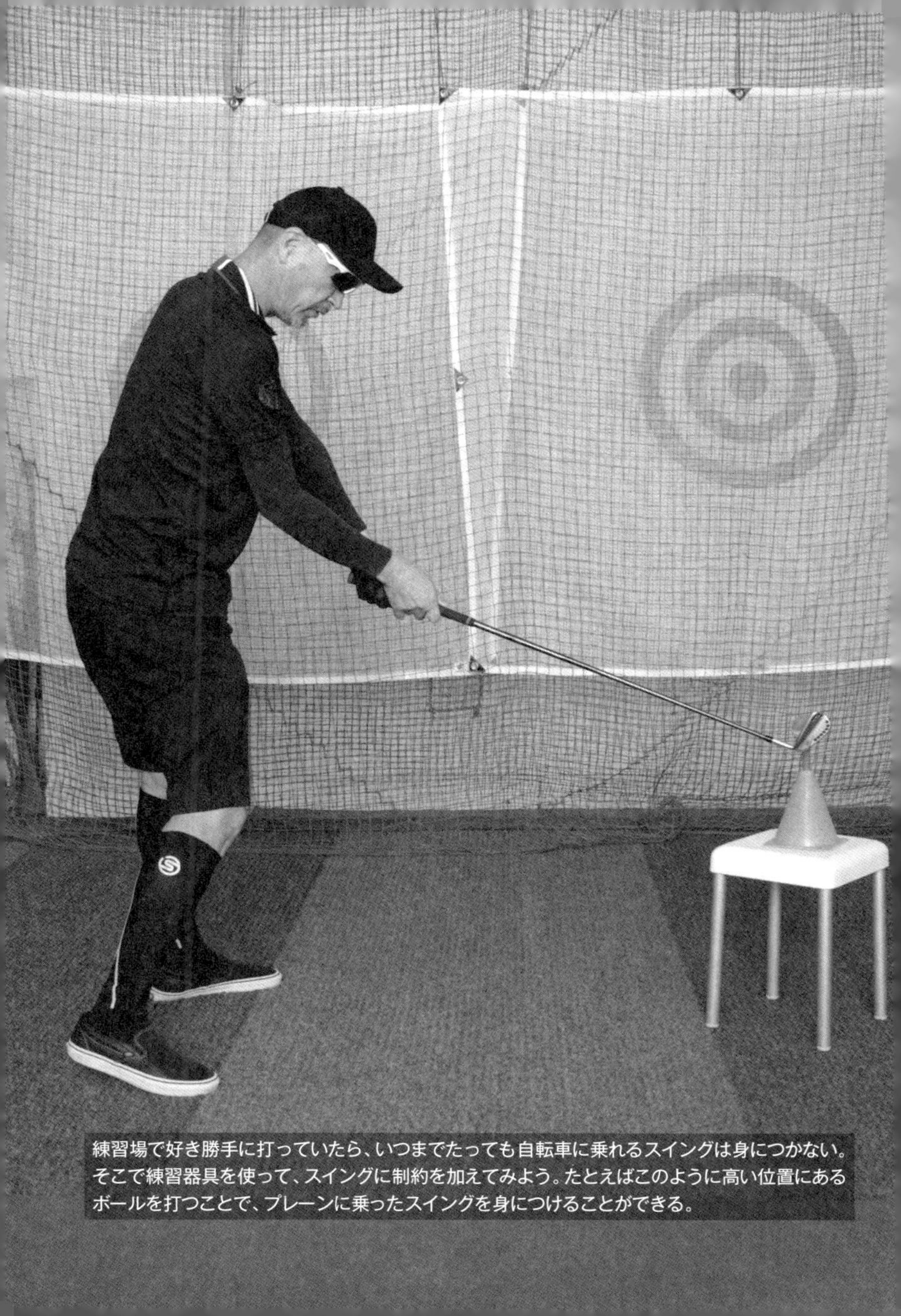

練習場で好き勝手に打っていたら、いつまでたっても自転車に乗れるスイングは身につかない。そこで練習器具を使って、スイングに制約を加えてみよう。たとえばこのように高い位置にあるボールを打つことで、プレーンに乗ったスイングを身につけることができる。

19 自分のスイングを客観視してみよう

「僕は本を読むのが好きです。移動に時間のかかる海外出張する時など、スーツケース一杯に本を詰め込み持っていきます。いつもカバンに何冊かの本が入っています。本屋に行くのも大好きで、定期的にジュンク堂池袋本店に行きます。当然ゴルフの本のコーナーがあり、毎回覗いていますが、驚くのは本の移り変わりの速さです。ちょっと前まで、4スタンス理論の本ばかりだったのが、コンバインドプレーンの本ばかりとなり、今は某レッスンプロの本があふれています。よく〇〇理論などという言葉を聞きます。この書棚の移り変わりと同じように皆さんも、本や理論を移り変わっていってるとしたら、残念かもしれませんね」

そうですね。スタックアンドチルトとかも同じように流行っていますよね。そう言えばレッスンプロの名前とかで、「中井理論」や「江連理論」「志門流」とか呼ばれています。

「僕はクラブの専門家。クラブの性能を知るということは、クラブをどう動かすのがいいのか？　ということを知るということです。ですからフィッティングする際は、クラブの動きをチェックします。クラブの動きの原因はスイングであり、カラダの使い方です」

「皆さんスイング改造という言葉をよく使いますが、これはカラダの動かし方のことを指しているのだと思います。でも、そもそもスイングとはクラブの動かし方。つまり、カラダの動かし方は手段にすぎないのです。なのに、『手を使わない』だとか、『手打ちがいい』という『キーワード』が独り歩きをしています。自分がどうクラブを動かしているか？　その原因となる体の動かし方を把握していないのに、「キーワード」だけ取り入れても、クラブの動き方は劇的に変わらないと思います」

そういえば「シャンクに悩んでいるんです」という人は、どうしてシャンクが出ると思いますか？　と聞くと、右手がどうのこうのとか言います。しかし、ヘッドがインサイドから入って、ネックに当たっているからシャンクが出るわけですよね。つまりスイングプレーンが悪いだけなのに、スイングを見ようとせずに、「絆創膏」的な「キーワード」にすがろうとするんです。そこだけ気をつけてスイングしようって思うんですね。

「どうしてクラブがミスする動きになっているか？　という姿を見ようとしない人がほとんどです。シャンクさえ出なければ、スライスさえしなければ、と言いますが、それは今のスイングに問題があるからです。そこを見ないのに『○○理論』を取り入れても、流行を追いかけても、何も変わりません」

「自分の慣れ親しんだスイングというのは、なかなか直らないものです。僕は人それぞれ不治の病を持っていて、それを発病させないように、日々チェックしないといけないと思っています。そのために自分のスイング（クラブの動き）を、動画で頻繁にチェックします。気持ちよく打っていると、すぐに病が目覚めて、身体をむしばんでいくのです」

T島もフック菌に侵されているので、常に発症しないように努力していますが、少し調子がいいと練習をサボって、突然発症してしまいます。T島はFacebookやたまにブログに自分の練習風景をアップしていますが、クラブの動きしか見ていません。この動きがちゃんとしないと、○○理論とか生きないはずです。

「キーワード」を並べてみるとわかるのですが、ある程度の領域に達しないと、本当の意味に気がつきません。たとえば「ボディーターン」はアームローテーションができた人の言葉ですし、「手を振らない」も同じ。動きがわかって繰り返していると、「ああここが入れ替わるだけでいいんだ」という気づきが生まれてきます。超えてみないとわからないことを「キーワード」にしても、超えていない人は勘違いするしかないのです。

「言葉の解釈は受け手によって変わります。人は自分に都合のいい解釈をしてしまいがち。自分の真の姿を見てないのに、新しい理論を探しても自分の都合のいい解釈をくりかえすだけです。残念ながら僕の周りにも○○理論で絶好調という人が何人かいますが、僕が見る限りクラブの動きは何も変わっていません」

「プロゴルファーのスイングはよく見ると、個性にあふれています。しかしクラブの動きは、ほとんど変わりません（球筋、高低によって変化させますが）。「キーワード」を探してスイングの流行を追いかけるよりも、自分の動きを動画でチェックする。基本的なクラブの動かし方は、〇〇理論やゴルフ本ごとに違うわけではありませんし、ベースとなるものはほとんど変わりません。それが身についていないと、どんなスイング理論も生かせないのです」

「まずはクラブの動きを知り、その原因を知り、地道に努力して行きましょう。時代の進歩は恐ろしいもので、数億もするスイング解析システムの簡易版とも言える、スマホ用スイング解析アプリ『M-Tracer』というシステムが発売されています。これを使うとクラブの動きが一目瞭然です。一度の投資は本より高いですが、上手く使えばすごく役に立ちます。なんども言いますが、自分のスイングを客観視することが、脱残念な人への大原則なのです」

20 残念な人のクラブの選び方

Ｔ島も、友人からクラブの相談を受けることがあります。友人なのでズバリとダメ出しもしますので、だんだん聞かれなくなりますが（笑）。しかし、ダメ出しをしても、欲しいクラブはどこかで買っていたりします。特に残念だなと感じるのは、メーカー縛りがある人です。クラブメーカーは今は商社です。外注ばかりで、自社工場で全部作っているメーカーは皆無に等しいのに、ブランド信仰なのでしょうか？

最近、Ｔ島もマーク金井もＰＩＮＧのクラブをよく買っていますが、ライ角に対する姿勢であるとか、フィッティングに熱心だったりと、企業としてリスペクトする部分はもちろんあります。しかし一番の理由は、世界統一価格という方針で、定価が下がり、コストパフォーマンスが格段に上がったからです。

とはいえ、ウッドのシャフトの硬さなど、もったいないなぁと感じる部分もあります。我々が買っている並行輸入のクラブは確かに値段も安く、お得感を感じますが、シャフトを変えることを前提で買っているのです。それは自分に合っているシャフトがわかっているからです。純正シャフトをそのまま使うということは、ウッド、ＵＴの場合あまりありません。メルマガ読んで買いましたと言われて、アレ？　スライサーだったのに、あのヘッドが合うのか？　純正シャフトは特に硬いので更に右に行くぞ……と想像したりします。

「クラブによって、スイングが変わる。スイングを変えたければ、クラブを変えるのが一番手っ取り早い。要はどう変わりたいという方向性をはっきりさせることが大切」

スライスを直したいなら、極端につかまるクラブで左に曲がる球を打てるようにすること。フッカーはその逆。それでスイングは変わってきます。まあ、そのたびに買い換えていただく必要がありますが、ヤフオクや中古など選択肢は増えています。

タイトリストやミズノのフォージドアイアンは非常にカッコイイですね。オレはタイトしか使わない！　というこだわりもわかります。でもシャンクに悩んでいる人が、シャンクしやすいアイアンを使って、スコアを崩すのはいかがなものでしょう？　ライ角が調整できるのがフォージドの一番の魅力ですが、チェックしたことはありますか？　クラブとスコアがマッチしていない場合、心のなかで「アレ、ちょっとＭＢは難しくない？　せめてＡＰ２にしようよ……」などと思って見ています。

「プロや限られた上級者は球を曲げて攻めることを好む。それこそマスターズでプロは球筋を操り、それを競っている。でもまっすぐな球、もしくはどっちかしか曲がらない球でも、アンダーパーは出せる。実際僕も出している。日本人はクラブは刀という意識があるのか、名刀を使うと上手くなると思っている人が多い。でも、何千人というアマチュアのクラブセッティングとスイングを見てきたけど、ブレードアイアンを使いこなせている人に未だ会えていない気がする」

クラブフィッティングで信じられない物を勧められたケースもあります。先日残念な人セミナーに来た方は、「君はスイングがよくなるまで、とりあえずこれを使っておきなさい」と言われたのが、Xシャフトだったということがありました。

「フィッティングを受けるコツ？　わからないことはとにかく聞くこと。要はコミュニケーションが上手く取れないと、方向性を導き出せない」

21 クラブ選びは自分の規定内で

マーク金井がUSTREAMでライブをやったことがあります。視聴者が質問できるのですが、質問内容が残念な感じでした。「ヘッドスピード42m／sですが、シャフトはRがいいですか、Sがいいですか?」的な感じの質問が多かったのです。

「クラブのテスト方法で一番大切なのは、クラブ以外の条件をできるだけ同一にすること。条件が変わると評価が不安定になってしまって、テストの信頼度が落ちてしまう。そもそもアナライズを作ったキッカケは、テストをする際の前提条件を同一にするため。車のメーカーは、各社テストコースを持っている。しかしクラブメーカーで持っている所は意外と少ない。クラブの評価をする雑誌社になると皆無。僕は自分のテストコースを作りたかったのです」

クラブの選び方は、この前提が大切です。同じ条件で比較すること。同じ練習場、同じ計測器、同じボールで試してこそわかるのです。しかし、アマチュアの方の前提はもっと他のところにあるようです。

「車のレースのF1ってご存知ですよね？ FはFormulaの略です。Formulaとは『決まり』『規定』を意味しているのですが、実はゴルフクラブも規定があります。ゴルファーの年齢やヘッドスピード、どういうゴルフを目指すかにより、この規定が決まります。話題のクラブだからといって、自分の規定外のクラブを選ぶことはとても危険です」

アマチュアの皆さんは、そういう規定を超えて質問してきます。XXIOとR11はどちらが飛ぶか？　とか、一番飛ぶドライバーは何ですか？　などは、規定がないのに答えられませんよね？

この「規定」の中で比較して選べば、間違った判断はあまりないと思います。XXIOが売れているからといって、体力がある40代の人が選んでしまうと、その規定以上には振れないので、手打ちになってせっかくの体力を生かせないようになってしまいます。

意思決定には①保証条件、②継続条件、③促進条件という、3つの重要な条件があります。たとえばクラブを買うという意思決定では、この3つは次のように作用します。

試打をして良い数値が出る（おそらく軽いから）。つまりデータにより保証されるわけですね（保証条件）。そして、慣れればまだ飛距離が伸びるのではと思う（促進条件）。さらに、軽ければ歳をとってもずっと使えるから大丈夫という安心感もある（継続条件）。

ところが、あなたの規定外に軽いクラブだと、手でヒョイとクラブを上げることができるし、手先で打っても飛ぶ。今までは重めのクラブをがんばって振っていたけど、振らなくても飛ぶということは、どんどん振らなくなります。どんどん手打ちになって、スイングは悪化していくのです。

「クラブは振り切れる範囲で重くとか、規定（Formula）の話なんです。自分の規定（Formula）を決めて守ることで、クラブ選びに失敗しないし、スイングの悪化もしない。自転車に乗れるスイングというのがあるように、クラブ選びにもあります。まず自分のカテゴリーというか、規定はどこなのか考えてみることが大切だと思います」

流行っているから、カッコいいから、飛びそうだから……。このような判断基準でクラブを選んでしまうと、スイングを壊してしまうこともある。自分の規定を正確に把握して、失敗のないクラブ選びをしよう。

22 変えたかったら現状を打破するクラブを選ぶ

「僕がこの人残念だな……と思う基準があります。現状打破したいと口にしているのに、やっていることは現状維持していることです」

いきなり名言出ましたね。上手くなりたいといっているのになにも変えない。変わりたいといっているのに変わらない人。自分が残念なことに気がついていない「残念な人」とは違ったタイプかもしれません。でも、自覚があるのにどうして変われないのでしょうか？

「プレーヤーの良い部分を伸ばすのがクラブセッティング、とフィッターさんが言っているのを雑誌でよく見かけます。皆さん何の違和感もないかもしれませんが、良いとか合

うとかという言葉は曖昧で何を指すかハッキリしません。僕は合う＝慣れていると思っています。これは良いと思っている時点で変化しないことに気がついていません。慣れている物を使うということは現状維持するということと同意語だと僕は思っているからです」

そうですね。自分のクラブを見せて、「これ良いんです、僕に合っているんです」といいつつ、「なにかいいクラブないですか？　と言う人がいます。合っているなら必要ないでしょう？　と思うのですが……そういうわけにもいかないようです。

また、慣れていることからくる弊害というのもあります。「これは自分には硬いと思ったけど、打ってみたら良かったので使っています」と言う人もいますが、これは慣れているから大丈夫ですよ、と言って欲しいのでしょうか？

「味覚というのは慣れです。塩辛いのに慣れている人は、塩辛い味付けを好むように、硬いシャフトに慣れている人は、硬いシャフトが好きです。硬いシャフトが好きな人は切り返しで力むために、手元が硬いシャフトでないとか、シャフトが暴れないとか、シャフトがついてくるとか言うわけです。手元が軟らかいと頼りないとか、このシャフトは暴

れるとかいいますが、この切り返しで力む悪い癖を直したければ、切り返しで力まない手元がしなるシャフトを使うべきなのです。しかし、残念ながらフィッターもそれでは現状打破にならないと言えず、良くて現状維持の目先を変えるだけのシャフトを勧めてしまいます。それは、販売しないとフィッティングした時間も出ないし、数値の悪いものを勧められた！　といわれたら困るからではないでしょうか？　今のあなたに合っているというシャフトは、実は現状維持するにはどうしたらいいでしょう？　と聞いているのと同じことなのです。アナライズでは現状を打破するシャフトやクラブを勧めたいと思っています」

そもそも現状打破するものを使わないと意味がないと思っている我々としては、現状維持の原因となっているものは、「ダメです」と言い切ります。しかし、この辺がゴルフ好きの友人と話していてもジレンマの種。ダメ出しでもしようものなら、「合ってるのに……」と言われてしまいます。そのくせ「どうしたら上手くなるの」と言われてもねぇ。現状を打破することは、何かを変えないと得られないのです。

「何かを手放すと、何かを得られます。でも手放したくはないし、そのままで行きたい

のです。自然に上手くなりたいわけです。僕は芝居が大好きですが、劇場に足を運び、お金を払い、芝居を毎日毎日見続けて感じたことがあります。いい役者は自然な演技ができるといいますが、自然な演技などないのです」

「不自然なことをやることで、観客は自然に見えるのです。自然とか勝手にというのは、不自然なことをやりつくしたあとでできること。天才と言われる人は、自然に役になりきれるから、天才と呼ばれるわけではありません。不自然なことが自然に見えるということを早くから感じ、それをシステム化できた人のことです。どんな役でもこなせるのは、どの不自然を組み合わせるとそう見えるかということを、いち早く気づき実行できることです。ゴルフスイングを考える上ですごく役に立っています」

そうですね。自分の感覚とは違うことをしないと変わらないのはよくわかります。すごく意識してアウトサイドにテークバックしているつもりでも、ビデオ撮影すると、意識する前とほとんど変わっていなかったりします。自分の感覚というのは強固ですが、それは慣れによって作られるのです。

23 リズム良くプレーして目の前のボールに集中する練習を

「アナライズでは研修会というのをやっています。だいたい４名でトップスタートでラウンドするのですが、１時間半ぐらいでハーフを終えるぐらいのペースです。もちろんそれはスコアが少ないからではなく、プレーの段取りをよくすることがとても大切だと考えているからです。もちろん技術的な向上も狙いですが、それよりも次をいかに考えて動くかというのがテーマですかね」

ゴルフのゲーム時間というのはハーフ2時間でまわったとしても4時間と長いです。しかし実際ショットの時間は非常に短いですよね。なのに、プレーに入るまでの時間に非常に手間取る人が多いです。構えるまでのチェックポイント、構えてからのチェックポイント、ワッグル、打った後……。マーク金井的には、この時間の使い方に、上達のポイントが隠されているというのです。

「関根勤さんとゴルフをしたことがあります。ベストスコア１２０ぐらいの１００を切ったことがない女性マネージャーさん、T島、私の４サム。若洲ゴルフリンクスのトップスタートでした。チームアナライズはもちろん、関根さんもプレーが早く、ハーフ１時間45分といいテンポでラウンドできました。その時にそのマネージャーさんはなんと50を切ってきたのです。マネージャーさんに聞いたら、いつの間にか自分の打つ番が来て、ずっと自分の番が来てポンポン打っていたら50切ってました（笑）。残念ながら後半のハーフは２時間以上かかりましたので魔法は解けましたが、スコアは悪くなかったですよ」

時間があると、不安になろうと思えばいくらでも不安になる。どんなに不安になってもできることは、「目の前のボールを打つこと」しかないのです。でも残念な人はその本質に集中せず、ちゃんと構えたら、ちゃんと当たるはずだ！　ということにすがります。ルーチンに集中して、ショットで逃げているのです。

よくショットに集中するといいますが、まさに集中するのは目の前のボールです。ショットの前にアレヤコレヤすると集中力がドンドン減っていきます。集中力も持ち点なのに、それがドンドン減って打つときにはなくなってしまっているのが、残念な人の特徴です。

「プロはアライメントを取れるようにする練習に時間を割きます。だからといってアドレスに時間をかけているわけではありません。ちゃんと構えられるようになる練習に時間を割くのです。それぐらいちゃんと構えることは難しい。だから練習しているのです。ラウンド中は、ルーチンを守り、リズムよくプレーすることに集中します。『目の前のボールを打つこと』です。集中力を保つといいますが、アドレスが長いと集中力はドンドン消費されるんですね」

まあ、まっすぐ構えたらまっすぐ打てると思っている人が多いのでしょうか？　スクエアにすがっているとしか思えないのです。とにかくスクエアに構えたい。まずボールのロゴを狙った方向に合わせ、そこからスタンスを取る。非常に時間がかかりますよね。それでもまっすぐ飛ばないのだから、原因はそこにはありませんよね。いかに無駄を省いてちゃんと立てるか、そして「目の前のボールを打つこと」。これが一番大切。

「ゴルフというゲームは、自分たちの組で時間を共有するゲームなのです。１人が持ち時間を使い過ぎると、他の３人の持ち時間が減ります。その組だけでなく、後ろの組の時間も減らしているのです。ゴルフ場をプレーヤーで共有していることを忘れてはいけません」

プレーが遅いのは残念な人以前です。自分のミスの解説をしても、次のショットは良くなりません。同じミスを呼ぶのが関の山。

でも、ショットの言い訳もそうですが、自分で悪い言霊を呼んでいる人もいます。「この距離嫌いなんだ。入れ頃外し頃」といって、1・5メートルのパターを外す人が多いですよね。

「口に出すと脳がイメージして体が反応します。呪いにハマるのは残念な人の一番の特徴です。そして１・５メートルのパター、それはすべてのゴルファーが逃げることのできない距離です。プロも戦っているし、我々アマチュアだってそうです。ゴルフをやめるしか逃げ道はありません。それを覚悟することで立ち向かえるようになりませんか？」

ゴルファーにできるのは、目の前のショット・パットに集中すること。たとえばショートパットの練習で、カップの前にティを立て、そのティを倒してカップに入れる練習をしてみよう。グッと集中力が高まるはずだ。

24 練習グリーンで仮想ラウンドをしてみよう

「１Ｗが調子が悪かったと言って、１Ｗをバカバカ打って上手くなるなら、アマチュアはドライバーはもうとっくに上手くなっています。トーナメント会場の練習場に行けばわかると思いますが、プロはあまり１Ｗを打ちません。ハーフショットの反復など、スイングの基本的な動きに練習の大半を割くのです。ドライバーをバカバカ打つのは、自ら好んでスイングを壊しているといっても過言ではありません」

ボールを打たないほうが上達する！　と常々メルマガで書いていますが、とはいえ素振りは退屈なものです。藤田寛之プロの講演会に行った時に、「僕は反復練習がとにかく好き」とおっしゃっていました。彼は体格に恵まれていませんが、反復が好きという才能を持っているのだなと感心しました。基本的な動きの反復は、非常に退屈ですが、知らない間に正しい動きが身についていて、効果があります。

「皆さんコースに行くと、パッティンググリーンがあるのに、コースの打撃練習場に行ってお金を払って練習する。パッティンググリーンはタダで、ゴルフ場にしかないのに。アプローチ練習場やバンカー練習場もそう。コースの練習場でスイングチェックしてももう遅いです。僕は基本的に、コースの打撃練習場でボールは打ちません。アプローチやパターができる練習環境はなかなかありませんから、もったいないじゃないですか」

そういえば、「グリーンで最初タッチが合わず、3パットしてしまう。慣れるまで何ホールもかかるのですがどうすればいいでしょう?」なんて聞かれることがあります。

「何ホールもかかる? それは練習の練習をしているからです。タッチが合うのに何ホールもかかるというなら、あらかじめ何ホールか回ればいいのです」

ちょっとちょっとマークさん。それは無理でしょ……。

「練習グリーンで何個もボールを使わず、1つだけで仮想ホールをラウンドするのです。必ずカップインするまで、何ホールか仮定してちゃんとラインを読んで、ホールアウトする。5ホールも回れば慣れますよね」

プロや研修生は、パット戦といって練習グリーンで何打で入れるか勝負します。これも真剣にラインを読んでストロークするので、漠然と打つよりはるかに練習になりますね。

「プロのトーナメント会場の練習場は、芝の上から打てます。でもプロの中にはわざとティアップして打つ人もいます。これはターフが深く入り過ぎないように練習しているのです。プレッシャーがかかり、芝の上にボールがあるとプロでもダフらないように上からヘッドを入れようと思ってしまいます。これはアマチュアも同じ。特にアマチュアは慣れない芝の上の練習場だから、練習でもプレッシャーがかかるのです。そして1発でも手前をダフるともう一日中怖くなります。危険ですね」

練習グリーンで仮想ホールを作ってラウンドしてみよう。これで本番のグリーンでも、最初からタッチが合ってくるはずだ。グリーンでの練習は普段できないし、基本的に無料。打撃練習に時間を費やすよりも、スコアアップに効果的と言えるだろう。

25 バーディパットを打つ練習をする

「僕が主宰する全国ハーフコース振興協会のコンペは千葉市民ゴルフ場で行います。僕はどのティから回ってもいいですよ！　と言っているのに、なぜか皆さん青ティから……。千葉市民ゴルフ場は短めのコースとはいえ、全員が青ティから回っている。白ティから回って良いスコアを出すことが、ズルいことをしている気がするのでしょうか？　それともいいスコアを出すことに抵抗があるのでしょうか？」

うーん。なぜでしょうね？

「僕の大好きなギャンブラーの森巣博さんが書いた『無境界の人』という本で彼は、ギャ

ンブルで勝つ方法について、ルールにのっとってやること、と言っています。僕はこのコンペのルールとして、ティはどこでもいいです！　といっているのです。さすがに男性が赤ティというのは抵抗があるかもしれませんが、白ティから打つのはルール違反ではありません」

T島も昔は白ティって抵抗があったなぁ。あまりこだわらなくなってからのほうが、バックティでもいいスコアが出るようになりました。もちろん白の方がスコアが全然いいです。

そういえば、女性も白ティにこだわる人が多いと思うのですが……。

「女性が白ティにこだわる。差別発言と取られては困ります、と前置きして僕の見解をしゃべります。男女は平等と聞こえはイイですが、男女平等というなら飛距離に応じたティで男女関係なくプレーすべきと思います。それはゴルフというゲームはパーが基準だからです。しかし女性にとって問題なのは女性の意識ではなく、男性の意識です。いいスコアを出しても『どうせ赤から回ったんだろう』とか男性の負け惜しみで言っていることを、真面目な女性がそんなことを言われたくないという思いから、出てくることではないかと

思います。それがいつのまにか赤の80よりも白の85、という思考を作り出していったのではないかと想像します」

「赤ティから男性のティショットをオーバードライブしようものなら、露骨に嫌な顔する男性も少なくありません。男の威厳が崩れると思っているのでしょうか、男の威厳というなら、飛距離に見合ったティでプレーして、そのスコアを認めるほうが威厳が保てるのでは？　と僕は思います」

「何度も言いますが、とにかく30台（40台）のスコアを出せる状況を追求してみて欲しいと思います。バーディパットを何度も打てる状況を作るのです。そこで出せなければ、青ティで30台など絶対に出せません。言い訳を排除して、とことん白ティでやってみる。そして、その世界を経験すること。そしていいスコアを出してみること、そのスコアに慣れることが大切です」

26 練習ラウンドのススメ

「皆さんコースが本番、練習は練習場と意識をはっきり分けています。なので『せっかくコースに来たのだから』という意識が非常に強いようです。ぶっちゃけプロじゃないのですし、試合でもないし、まあせいぜいコンペぐらいかと思います。皆さん練習は練習場でするものと思っていますが、スコアを出したいなら練習ラウンドを行うことを提案します」

確かに皆さん練習場とコースをすごく分けて考えていますよね。そしてラウンドは非常に真面目で、4人のスコアを付けて、クラブは14本ピッタリ。試合じゃないんだから……って思うんです。アナライズでは相手のスコアも聞きませんし、それぞれのテーマにそってサクサクプレーします。

「ゴルフには段階があります。素振りでできないことは、ボールを前にしてできないし、練習場でできないことは、コースではできないし、競技でできません。この段階を着実に踏んでいって自分のモノになります。皆さんの感覚は、練習場の次に競技（試合）が来るように見えます。我々は練習ラウンド的なラウンドを積極的に行っています。スイングやクラブも練習ラウンドでテストすることができるのです。その練習ラウンドのテストフィールドが千葉市民ゴルフ場です。クラブやスイングのテストだけでなく、ゴルフというゲームの組み立てについてもテストします。わざとパーオンさせない、すべてピンを狙う、すべてグリーンの真ん中を狙う。自分で検証することが大切なのです」

つまり練習場はスイングの練習で、練習ラウンドはゴルフの練習ってことですか？　でも、出だしで叩いたら、今からは練習だ！　とか言う人がいますよね。

「出だしで叩いたからといって、『今から練習』とかいうラウンドと、僕の言う練習ラウ

ンドはまったく違います。これはストロークプレーの呪縛です。自分の規定のストロークを超えてしまいそうだから、練習に切り換えること、これは練習になりません。『今から練習』といいながら、本番と言ってる限り、スコアの呪縛から逃げられないわけです。そもそもストロークプレーにこだわるということが、『本番』というこだわりにつながるわけです」

「同じように18ホールの呪縛もあります。９ホールだと物足らない、という人が圧倒的に多いです。ハンデ入力のときどうするの？　とか、T島の言うように年間平均ストロークが、という人もいます。スコアが出ないのは、スコアを出す練習をしないからです。それは練習ラウンドをすれば見えてきます。目先のスコアにこだわらずいろいろチャレンジをする。スコアは付けても付けなくても構いません。ただし、必ずボールは１つでプレーしてください。本番も練習ラウンドもボールは１つ。これは必ず守ってください。この練習ラウンドにピッタリなのが、９ホールのコースです。僕は打ちっぱなしよりも、ハーフコースのほうが10倍練習になると思います」

27 練習ラウンドは制約を作ってプレーする

「練習ラウンドを適当に回って得るものはありません。最初に言っておきますが、そもそも練習ラウンドのほうがつらいのです。練習ラウンドで、絶対やって欲しいことがあります。『飛ばさない』『乗せない』です」

そんなのいつもだよって？　それは結果的に「飛ばない」「乗らない」でしょ？　飛ばさないと思って打つ。乗せないと思って、外しても安全なところへ打つってことですよね？

「僕は取材で霍本謙一さん（35歳でゴルフを始め38歳でシングル入り、50歳で九州アマに優勝したサラリーマンゴルファー。59歳で認定プロ資格取得、シニアプロ生活に入り、

１９９９年63歳でＰＧＡプロテスト一発合格）にお会いした時に、これができたら誰でもプロテストに通る３箇条を聞きました。それは、①直ドラが打てること。②ドライバーの高さにティアップしたボールをサンドウエッジで低い球を打てること（念の為に言っておきますがトップを打つことじゃありません）。③すべてのホールをボギーオンさせて、パープレイで回ること。この３つだそうです。とくに練習ラウンドで大切なのは③です。残念な人はとにかく乗せたがる。飛ばしたくなるわけです。『飛ばさない』『乗せない』でもパーを取るのです。１００を切れない人は全ホールダボオンでも構いません」

「飛ばさない」と思った時に意外と飛んだりするし、「乗せない」ということは、アプローチしやすいところはどこだろう？　と考えますよね。

「何度も言いますが、残念な人はスイングが良くなるとスコアが良くなる、１Ｗがよく飛ぶとスコアが良くなると、単純に信じています。もちろん飛ばしたい、まっすぐ打ちたいというスポーツ的スキルは大切です。しかしゴルフはコースを相手にするゲームなのです。このゲーム力を鍛える機会が圧倒的に不足している。それを補うのが練習ラウンド」

「普通にラウンドしていると、ショットの調子のいい時は、ティショットがソコソコ狙いどころに飛び、セカンドがグリーンにパーオンすると、ゲーム力は必要なくても、いいスコアが出てしまう時があります。しかしショットの調子が悪かったり、戦略性の高いコースに行くと途端にスコアが悪くなり、スコアの波が大きい人は、ゲーム力に問題があるのかもしれませんね」

「僕は雑誌編集者時代に坂田信弘プロの担当でした。ご存じの方も多いと思いますが、坂田プロは、ジュニアを指導するときに、１００を切るまでクラブは６番アイアンとパターだけで回らせます。もちろんバンカーも６番アイアンです。そして使えるクラブを技術とゲーム力の向上とともに増やしていくわけです。僕も千葉市民ゴルフ場などは、できる限り少ない本数でラウンドします。赤ティでのラウンドもいいでしょう」

「僕はよくバンカーが苦手な人には、サンドウエッジを抜いてラウンドしてくださいといいます。サンドウエッジがあるからバンカーに入れてもいいと思っているのです。抜いてしまうと徹底的にバンカーを避けるでしょう？　これも練習になりますし、すべてのホールでバンカーを狙って入れることもいいでしょう」

「練習ラウンドはテーマを持ってやりましょう。具体的には何か制約を作ることです。ゴルフの上達には状況を把握して判断する力をつけることが必要ですが、制約を作ることでその機会を増やし、ゲーム力を高めます。判断とは時間をかけて考えることではありません。一瞬で取捨選択するのです。よく仕事でも『考えてから連絡します』と言い訳をしますが、選択肢は限られているわけで、時間をかけて考えたからといって、選択肢はほぼ変わらないでしょう。考える時間を減らして判断する力が身につくと、プレーにリズムが出てきます。そんなところも練習ラウンドで身につけたいことです。プレー時間をできるだけ早くするのも、練習ラウンドに必要なことです」

練習ラウンドは必ずテーマを持ってプレーしよう。今日はパーオンさせない、飛ばさない、バンカーに入れない、クラブの本数を減らすなどの制約を作ることで、判断力を身につけることができる。

28 予習よりも復習を大事にしよう

「皆さんゴルフの前日になると、ゴルフショップに行ったり、レッスンに行ったり、練習場に行ったりと、予習をしたがります。非常にテンションが上がり前日なかなか寝られないぐらい。しかし、ラウンドが終わる頃にはテンションが下がる、残念な人が多いという話をよく聞きます。でも、ラウンド後に復習する人の話はほとんど聞きません」

ラウンド前にレッスンに行くとか、練習場に行ってしこたま打つとか、自殺行為？ とT島的には思います。まあコースでラウンド前に打つのも危険と思っていますから余計ですね。安心したいという気持ちはよくわかりますが……。

「残念な人の特徴は、ラウンド前日にレッスンに行く、クラブを買う、練習場で打ちまくるなど、予習にコストをかけること。しかし、テンションが高いのはここまでで、ラウンドで打ちのめされ復習はしません。プロはスタート前にはカラダが動くように軽く打つだけですが、ラウンド後はしっかりと練習場でスイングチェックしたり、練習グリーンでパターの練習をします。今そこで出たミスを分析して修正するのは早いほうがイイのですが、アマチュアの方はほとんどしません。関東月例などに出ているトップアマはというと、ラウンド後に練習グリーンでアプローチなど、復習にかなり時間をさいているんです」

復習は確かに効きます。プロはラウンド後の練習にかなり時間をさいていますよね。プレッシャーがかかるとアドレスに狂いが出ますから、プロはアドレスのチェックを欠かしません。皆さんがキャディバッグに2本入れている細い棒は飾りですが、プロはラウンド後の復習での一番の目的である、アドレスのチェックに使っています。

「ラウンド後にはミスがリアルに頭とカラダに残っています。その原因を分析して、その場で解決していくことで、自分のミスの傾向を知り今後に活かすことができます。プロ

は経験的にスイングの狂いよりアドレスが狂うことを知っているので、まずスタンスの向きなど、アドレスをチェックします。プロでもアドレスが狂うのですから、アマチュアもチェックして損はないです。スイングの傾向もチェックして、自ら持っている悪いＤＮＡによる発病を抑えます。復習で完全な治療はできませんが、ラウンドによる悪化を防いでくれます。彼らは復習によってレベルを維持しているのです。アマチュアは予習することで願いをかけますが、プロは復習することで願いを叶えるのです」

「復習することで、小さなミスの芽を摘んでいく。体も疲れていますし、関東近辺であれば帰りの渋滞も心配でしょうが、復習は大切です。僕は１・５ラウンドはしません。せっかくの名門コースを訪れたとしても、その時間があれば名門コースならではのアプローチ練習場やパッティンググリーンでじっくりと復習します。皆さん宝くじでも買うつもりで、１・５ラウンドしているように感じます。ハーフよりも１ラウンド、１ラウンドより１・５ラウンド。ハーフごとに１枚宝くじを買っているのです。それより千葉市民ゴルフ場などで、ハーフ一本勝負を集中してやることで、ゴルフに必要な『その場限り』という状況に強くなれると思っています」

第3章
大叩きを防ぎスコアをまとめるラウンド術

いくらショットが良くても、
考え方が悪いとスコアはまとまりません。
コースにはゴルファーを勘違いさせる罠がもりだくさん。
そのなかでいかにプレーしていくべきかを解説します。

29 結果オーライを喜ぶ

残念な人の思考を分解していくと、共通点があるのがわかります。以前行った「残念な人セミナー」で、マーク金井が参加者に質問を投げかけました。

「最高のナイスショットとは、何ですか？」

参加者は、思ったところに思ったように打てること的な返答でした。ウムム、皆さんも考えてください。何でしょう？

「最高のナイスショットとは、結果オーライです」

ここで、残念な人は何で？　と思うはずです。ではもう一つ質問です。「最悪のショット」は何でしょう？

ショット自体の○×と結果の○×で考えれば、ショット×、結果×なのが「最悪のショット」では？　と思うでしょう？　違います！　最高のショットで、結果が悪いことが、最悪なのです。最高の球だったのに結果が悪いというのは、アンラッキーではありません。もしアンラッキーがあるとすれば、最高の球がピンを直撃して、跳ねてしまうぐらいでしょうか？　予測もできないことがアンラッキーなのです。

しかし、当たりが良すぎてグリーン奥とか、ドッグレッグなホールでナイスショットが突き抜けるというのは、最悪のミスです。いい球が打てたのに、結果を喜べません。逆にショットが×なのに結果が○って、それってマックスいい感じじゃないですか？　ここまで読んでいる方は気がついたかもしれません。残念な人はナイスショットを打ちたい。つまり結果よりも、過程が大切なのです。

「残念な人の特徴？　うーん、結果オーライにブツブツ文句を言って、いい球打って結

果が悪くても、悪い顔はしてないこと。ナイスショットを打ちたいなら、練習場でもいいじゃない？」

そう、だから練習場に行ってナイスショットを打ちたい。ナイスショットを打つことが練習だと思っているのです。もちろんマーク金井も、会心の当たりを喜びます。それ以上に結果オーライは喜んでいます。ラウンド回数が多い人は、気がつくことが多いと思いますが、バーディの後に、どうしてもミスが出る、というのは、この波風が起こっているんです。ここで平常心などというのは、まさに残念な人！

「平常心とか、リラックスとよく言うけど、できるわけがないのです。力んでも力んでも打てるようにする。それが技術。それが身につくと収まりどころが見つかります。チャンスの後も平常心とか無理です。できるだけ優しいコースを回って、バーディ慣れすること。僕は以前3つバーディが続くと、自分で気持ちにブレーキをかけていた。でも千葉市民ゴルフ場で白ティから回って、バーディを量産できるようになってから、ゴルフが変わりました」

30 バーディパットが打てるティからプレーする

「残念な人ほど、難しいコースや実力に合っていないティでゴルフをしたがる。とりあえず、一度突き抜けるスコアを出してみることが先なのに」

ここは距離が短いからバックティで……とか、ドライバーだと突き抜けるから……とか、残念な人はよく言いますね。

まずどんなコースでもいいから、突き抜けたスコアを出すことが大切です。マーク金井は、千葉市民ゴルフ場という9ホールのハーフコースによく行きます。非常にグリーンがキレイなコースです。距離も短いホールが多く、ショートアイアンで2打目が打てるホールが多い、いわゆる簡単なコースです。

こういうコースでパーオンすること、そしてバーディパットを打つことが大切です。全部パーオンすると、非常に疲れます。ボギーパットよりパーパット、それより遥かにバーディパット、そしてさらにイーグルパットのほうが緊張します。チャンスが続くと、緊張が続きますが、この緊張に慣れる必要があるのです。それはやさしいコースでも、フロントティでもかまいません。とにかく結果を出すことです。しかし残念な人は言い訳したいのか、難しいコースやバックティを好みます。そして結果を出せないことに悩むのです。

T島も千葉市民ゴルフ場でハーフで31というスコアを出せてから変わりました。出だし3ホールで叩いても焦らなくなりました。以前は3連続バーディで、もうこの辺でダメかな？　と思っていましたが、一度出せるとまだ大丈夫と思えるようになりました。

いつもより調子がよく、出だしから3ホールパーだったりすると、「いつか崩れる」と自分で思って自分にブレーキをかけてしまいますが、一度結果を出すと、また出せると思うようになります。しかし残念な人は、難しいコースだから、バックティだからと、崩れた時のことばかり考えてしまいます。

とはいえ、結果を出した後にも、落とし穴があります。いいスコアはいつでも出せるけど、いつも出るわけじゃありません。でもいつもその気でプレーして、大叩きをしてしまいがち。それを避けるには、その日の設定スコアというものを、冷静に決めることが大切なのです。

「僕はその日の、天候、気温、コースの状態、風などを考えて、今日はこれぐらいで回ればOKというスコアを決めます。自分にとってのパープレーを決めてから必ずラウンドすることにしています」

一度70台が出ると、それを基準に考え始めます。スタートホールでダボだともう＋2で、30台でまわるにはもうボギーが1回しか打てないと、自分を追い込みます。そうすると、もう70台は幻になってしまうのです。しかしさまざまな条件により、自分のパープレイを設定して、自分の実力を冷静に把握して、やさしいコースで良いスコアを出すことで限界を超えていけば、気持ちのいなし方を覚えていきます。難しいコースで討ち死にしていくと、どんどん卑屈になっていくので注意が必要です。

絶対にパーオンできる距離のティ位置でプレーしてみましょう。特に女性は、レギュラーティに強いあこがれを持っている方がほとんど。しかしパーオンできて、バーディパットをガンガン打てる距離のティでプレーすることが、ブレークスルーするコツなのだと思います。

ゴルフコースは技術レベルや飛距離によって使用ティが選べるようになっている。自分の技術や飛距離に応じた適切なティを選ぶことで、良いスコアを出そう。

31 過去と未来ではなく、現在を見てプレーする

第1章の01の最後に、「残念な人から」脱却しましょうと書きました。そもそも残念は人ってどんな人なんでしょうか？

「練習場でできたことが、コースでできない。それはプロだってそうなのに。思ったことが、できると思っているのが、ズバリ『残念な人』です」

できると思っているから、できないと落ち込む。プロでも練習場でできることは、コースでできない。普段コースでできていても、試合ではできないのです。できないことを、できると思っていると、60点が許せない。以前モノマネの栗田貫一さんとお話しした時に言っておられたのですが、できないという前提で、できるようにやることが大切、芝居でもモノマネでもなんでもそうと言われていました。しきい値を下げるということなんです。

先日マーク金井とゴルフに行ったのですが、ティショットをＵＴで刻みにいったにもかかわらず、チョロを打ちました。ミスとしては最悪のミス。しかし「ＵＴのテストができるチャンスじゃん」とポンと打ってナイスショットです。頭を速く切り替えられたわけです。

「ゴルファーは、過去と現在と未来を行ったり来たりしている。一番大切なのは現在に集中すること。しかし、残念なゴルファーは、ミスした過去を思い出し、引きずられ、ピンにつけたい、バーディを取りたいと未来に成功を求め期待して、過去と未来を行き来して、現在がない」

そう、どんなに落ち込んでも、どんなにバーディが欲しくても、結局今そのボールを打つことしかできないのがゴルフ。いろんなシチュエーションを楽しむのがゴルフの楽しみなのに、バンカーに入れた過去を恨み、未来に夢みて、現在を楽しめないのです。

今何をしないといけないのか？　自分は何ができるのか？　現在に集中して、最善を尽くせば、まあなるようになります。ディボット跡に入っても、これをどう打ってやろうかワクワクするぐらいになれれば、ゴルフも楽しいでしょうし、それでミスったからといっても、死んだりはしません。そもそも、ボールを打たない限りこの状況は変化しないのです。ゴルフを続ける限り、ボールは打たなければいけないのです。

ボールを打たずに状況を変える方法として、唯一アンプレアブルという選択があります。その名の通りその場所でプレーしないという宣言です。1打罰を払い、2クラブレングス内にドロップするか、元の場所から打って、状況を変えるわけですね。

打ってしまったショットをあれこれ悔やんでいる人がいますが、どんなに悔やんで反省しても、今まさに現実として存在する状況は変わりません。たとえばティショットを引っかけて林の中に入ってしまったとき、林の中でティショットのスイングを反省しても、状況は全く変わらないですよね。そこでするべきことは、状況を正しく認識し、今から何をしていくか？　このショットをどう打つか？　にかかっているのです。そして決断したことをやりきるのです。

不思議なことに、仕事においてちゃんとそういうことができている人でも、いざゴルフとなると、残念な人になってしまいます。友人などには「今何をするかを考える。仕事と同じでしょ？」と言うのですが。まあ、ゴルフは仕事ではありませんから、その人なりに楽しめればいいのでしょうけどね。

32 アマチュアはボギーでOKと考える

マーク金井がラウンドの後に、「今日は自分が残念な人になってしまった」と嘆いていました。最近コアトレやローラースケート、そして深夜の練習で背中を痛めていたようで、前半スライスが止まらなかったそうです。スライスが止まらないのは特に残念でもありません。48も叩いたのはスライスが原因ではないはずです。

「ティショットのミスを取り返そうとしてしまった。スライスが出るならそれなりに攻めるのが基本。ティショットは2打目を、スイングができて、届く距離にさえ置いていけば、ボギーペースを絶対に上回ることはない」

ＯＢになるほど曲がってしまうのは困りますが、スライスでもなんでも、それなりの球で、林や斜面などスイングできない場所、パー４の２打目、パー５の３打目が２００ヤード以上残さないようにすればいいわけです。少々ラフでも構いません。そこにボールがあればまだ、生きています。つまり「ドライバー生存率」ですね。

ドライバー生存率が低くなっている上、さらに悪い状況にあるのに、そこから無理に狙うわけですから、残念な人になるのは当然です。グリーン周りまで2打で持っていければ、パーの可能性は充分あるのです。少なくともボギーペースを上回ることはありません。

「自分で残念な人になってよくわかったのだけど、スライスすればするほど、ボールを打ちにいってスライスが激しくなる。残り全部ボギーでいいのに、そう思えなかった。残り全部ボギーでいいと思えば、出だしでダボを叩いたら、バーディを取って消しにいってしまう。プロは狙ってバーディが取れるけど、アマチュアはちがう。とりあえずボギーでＯＫ」

そう、ボギーでＯＫなんです。とりあえず連続でダボは避けたい。ところが残念な人は取れるわけがないのにバーディを取りにいきます。狙って取れるならダボなど簡単に叩きません。残念な人は全ホールバーディを狙っているのです。いつも冒険しているのです。

18ホール中1度や2度は、ちょっとチャレンジするホールがありますが、常に冒険していてはスコアはまとまりません。日本人は「このホールに賭ける」的になりがちです。確かに勝負どころはありますが、心に波風を立てずに18ホール回りきるほうが、スコアをまとめるには効率が良いのです。

スコア管理している方でしたら、ぜひチェックして欲しいのが、バーディを取った後のホールのスコアです。ハンデが多いほど、バーディホールの後で叩いてしまう、ティショットがミスになってしまう確率が高いはずです。これはバーディが来たことで、心に波風が立ってしまって、チャンスがピンチになってしまったのです。

「ショットごとに『心に波風』を立てている人が多い。打つ前にネガティブワードを口にしている。『左が嫌だな』『入れごろ外しごろ』など。ネガティブな言葉は、失敗を呼んでいる。自ら呪いを自分にかけているんだよね」

そういう波風が失敗を呼んでいるのに、今のはちょっとオーバースイングだったとか、原因をスイングに無理やり持っていくと、迷宮に入っていってしまうのです。

33 イベントを起こさず淡々とプレーする

マーク金井はゴルフをいろいろなたとえ話と混ぜてセミナーをします。日頃から本や芝居や映画、はたまた人間観察が得意なので、いろいろな視点を絡めてゴルフを語ります。

「男女の恋愛において、男性は加点法、女性は減点法とある本に書いてありました。基本的に男性はイイ点を見つけて惚れていく。女性は悪い点を見つけて覚めていく。最初が肝心で、減点の機会が少ない誘い方をする。男性は長く一緒にいたいと思い、最初のデートをモリモリでプランニングするが、減点法的な視点でいけば、ダラダラ引き延ばさずアッサリ1回目はアレってぐらいで終わりましょう。ああスイマセン、ゴルフですが、減点と加点ですがどちらが向いている考え方だと思いますか？」

うーん、どっちなんでしょうね。ゴルフにはハンデキャップがあるので減点法？　いやいや、ボギーだと加点でバーディだと減点……。うむむ。

「すいません、話を引き延ばしすぎましたね。残念なゴルファーはイベント好きです。いや本当は好きなのではないと思いますが、結果的にイベントを起こしたがります。ゴルフを難しくしたがる。難しいクラブを使いたがる、難しい打ち方をしたがる、難しいコース、難しいティを選びたがる、難しく攻めたがる。徹底しています。つまり結果的に、減点の機会を多くしています。減点の機会が少ないとスコアは必ず良くなるのです。その発想に欠けています」

「アレがなければ100切れていた」とか言う人がいますが、アレはタマタマやってきたのでなくて、必然的に起こるのです。なのに気がついていないのです。数々のイベントを自ら選択して起こしてきたのに、「アレがなければ」と言っているわけです。飛距離は今ひとつだけど上手な方、女性で飛ばないけどスコアがいい方は、イベントを自ら作りません。だから危険が少ないのです。最少失点で済むのです。

しかし、いい球は打つけどスコアが悪い人は、失点が多くなっているのですね。ゴルフでの得点は、バーディ、イーグルなどありますが、アマチュアだったら一部のトップアマを除けば、取れてもサッカーの試合並みな人がほとんど。前半1点、後半1点なんて、超ラッキーでしょう？　ゴルフはなかなか得点できないゲームなのです。

「身の丈以上のイベントをやると失敗がデカい。初デートでいきなり高級フレンチでディナーといっても、テーブルマナーとか自信がない上に、いきなりアウェイ感が満載な場所で、変なテンションが上がりまくり大量失点の可能性があります。おまけに多額の資金が必要です。そうです、アウェイに弱いのに、ホームで戦わないのです」

「残念な人は、ゴルフでもリスクを冒しているんです。初めて訪れたコースでショートカットでミドルワンオンとか。まさに変なテンションが上がり、イベントの予感が出まくります。僕のゴルフはイベントを作らないゴルフ、ティショットは次が打てるところでOK。無理して際どいところは狙わない。林からは出すだけでOK。ボールを故意に曲げな

い、難しい特殊な打ち方や難しいアプローチはしない。といたってシンプルです。だから気がついたらパープレーだったというのが多いです」

そうですね 実際マーク金井は、あまりややこしいところにいません。それはミスはしますけど、想定内のミスだから。淡々とイベントを起こさずプレーをするのです。

しかし最近ゴルフが変わってきた感じがします。どうやら加点法を覚えたのでは？ と思っています。千葉市民ゴルフ場に通い始めてから、明らかに変わりました。それは「加点できる」という自信なのかな？ と思います。

千葉市民ゴルフ場は9ホールの比較的やさしいコースですが、それでも全部のホールでバーディが取れるゴルフ場ではありません。距離的には3番ショート、4番ロング、5番、6番、7番ミドルは取りやすいですが、4番、5番、7番は池が絡んでいます。そして9番ティショットは左ＯＢで正面が池。セカンドは池越えになり、レイアップも難しい。イーグルも取れますが、ダボも来るホールです。

千葉市民ゴルフ場はやさしいといっても、イベントの可能性があるホールもたくさんあるのです。マーク金井はすでに31を出しているのですが、たぶん本人は9アンダー28を、いつかそう遠くない未来に出せるのではと思っている感じです。

ぶっちゃけ簡単なコースだからだろ？ と思った方も多いと思いますが、他のコースでもバーディ数は増えていますし、明らかに加点してきます。

「スイングも一緒です。素振りでできないことは、ボールがあったらできない、練習場でできないことは、コースではできない、コースでできないことは試合でできない。ショートコースでアンダーを出せない人は、短いコースでも出せない。レギュラーティで出せない人は、バックティでも出せないです。勘の良い人ならお気づきでしょう、すべて悪循環になっている。悪循環が悪循環を呼ぶ、負のスパイラル、その真っ只中でゴルフするのが残念な人です」

ドッグレッグでショートカットを狙わない、パー5で2オンを狙わない、バーディを狙わない……。そんなゴルフはつまんないっていう人がいます。ゴルフはロマンなんでしょうかね？

いいスコアを出すには、イベントを起こさないこと。淡々としたゴルフをしてください。一度機会があれば、マーク金井とラウンドしてください。でもでも、マーク金井は自分のバーディを世界一喜ぶ男です。プレーは淡々ですが、ウルサイのでご注意を……。

千葉市民ゴルフ場の4番は短いパー5だが、左の池を避けてサクッと2打目をレイアップ。3打目も無理せず楽々パーを取る。できないことはしない。できることだけを淡々とする。これがイベントを起こさないコツだ。

34 ミスショットのレベルを上げる

「残念な人セミナーに来る人は残念じゃない。なぜなら残念な人である自覚が少なからずあるから。自分は残念な人と思っていない人がほとんどなんですよ」

自覚がないのが残念な人。ゴルフはコース攻略という設計図を頭に描いていくゲーム。その組立の基本は減点法。しかし残念な人は、ナイスショットのレベルを上げることで、ゴルフがうまく行くと信じています。思い通りの球、フェードとドローを自由自在、そして練習もナイスショットを打つことにこだわります。

「ナイスショットのレベルを上げる、そしてそのナイスショットから、コース攻略を考

えるのが残念な人。これはプラス思考じゃなくて、うまくいく前提の上で考えられている能天気な思考。ミスショットのレベルを上げていくのがゴルフというゲームで、これは決してマイナス思考ではないのです。というか、プラスでもマイナスでもなく、現実を受け止めるということ」

「テニスのグランドスラムであるウィンブルドンを見ていて気づきました。ゴルフのドライバーショットはテニスで言えばスマッシュだと思っていましたが、実はサーブなんですね。まず大切なことはフォルトしないこと。でないとゲームは始まらないですから」

ミスを前提にしてミスしても、ショックは少ないのです。しかしナイスショットを前提にミスをしたら、スコア的打撃と精神的打撃がダブルで来ます。やさしいコースだとなおさらでしょう。やさしいコースのミスに寛容な部分を上手く使えず、難しいコースは尚更難しく、やさしいコースを難しくプレーして、結局スコアはどちらも悪いということになってしまうのです。

千葉市民ゴルフ場の１番ホールは左がＯＢだが、右は大きく曲げても問題ない。なのにフェアウェイセンターを狙ってしまうと、ミスしたときの怪我が大きくなる。やさしいのにミスをした、という心のダメージも大きい。

35 勝負どころに持ち点を使う

マーク金井が行っている「脱残念な人」セミナーでは、座学だけでなく、セミナーラウンドも行っています。今回はその様子から脱残念な人を考えていきましょう。

当日は残念ながら雨でしたが、マーク金井とのラウンドということで、皆さん気合が入っている様子です。ラウンド前に目標スコアを宣言してもらったところ、45が2人、40が1人です。雨だし緊張するというのがあったのでしょうか？　やさしいコースにしては、皆さん控えめですね。

さて千葉市民ゴルフ場の1番ホール。前項でも書いたように左はOBで、フェアウェイ右サイドにバンカーがありますが、右は隣のホールもセーフです。

1番ホールのティショットは、セミナーに参加した3人全員がフェアウェイキープでした。マーク金井はひっかけて左のラフ。

「僕はこの時点で、結果を予見しました。このホールのティショット、皆さんがどんな感じで打つか想像していました。結果3人ともベストポジション、僕は適当に打ちますといって左のラフ。3人とも気合入りまくりで、見事にフェアウェイを捉えましたがその後です問題は……。前回のテニスの話を覚えていますか？」

マーク金井は、「ドライバーはテニスで言えばサーブです」と言いました。サーブが1発目から快心の当たりが出た。特に残念じゃないですよね？ ところがこのあと、2人が大ダフリ、1人はグリーンオーバー、と残念なミスをしました。予期せぬ完璧なナイスショット。1人の方がポソっと言いました。「緊張したティショットが成功してホッとした」。

「残念な人の勝負の場所は、ティグラウンド。しかし勝負はグリーン上で行うのです。つまりティショットはサーブと同じスタート。ここでエースを狙いにいってしまうわけです。ここで『決まった』と思っていますが、実はここで終わっているんですね。しかし始まったばかりなのに、気合はティショットでほぼ使い果たし、次のショットに残っていま

せん。そもそもナイスショットが2発続くレベルなら、目標スコア45になるわけがありません。そんなに叩くわけないのです。だから僕は適当に打ちますといって、ポンとラフに打ったんです」

「ティショットで１２０点の球が出てしまった。ティショットはゴールじゃなくてスタートです。１ホールの持ち点は２００点なのに、いきなりナイスショットして１２０点も使ってしまった。パターに最低でも50点は取っておきたい。じゃあどうしよう……。僕はこういう配分を考えています。パターにできるだけ点を残しておきたいと思っているのです。なので、できるだけ1回の点数を使わずに、グリーンに乗せたいのです」

ゴルフはゲームですから、ゲームの流れを決める分岐点、「勝負どころ」が必ずあります。この勝負どころに、できるだけ持ち点を使いたいのです。しかし残念な人は、常にマックス持ち点でプレーしたいと思っているように見えます。しかし確実に持ち点は減っていき、気がつかないうちにガス欠になっていきます。そしていきなりイベントホールがやってくるのです。

最悪のミスである左ＯＢを避けるため、思い切って右に打ってみよう。これなら左に行っても助かる確率が高いし、右に行きすぎても想定内のミスなので、心のダメージは小さいはずだ。勝負どころはグリーンに近づいてからと考え、気楽に打とう。

36 いいスコアに慣れよう

１番でマーク金井はラッキーバーディ、参加者の方々はボギーと、１番で明暗が分かれてしまいました。参加者の人達は千葉市民ゴルフ場を何度も回っていないので、ゲーム的には不利だった部分はあります。とはいえ、７番終了時点までセミナー参加者とマーク金井のスコアは、全員ほとんど変わらなかったのです。

「皆さんは目標スコアを無意識に持っていると思います。それと超えてはいけないスコアがあるはずです。１００を打ってはいけないとか、最悪90は切るとかだと思います。それは経験上耐性が備わっているのです。しかし逆の場合はどうでしょう?」

確かに「コレで粘らないと、１００を超えてしまうから頑張りました」とかいう会話は、ゴルフ帰りの車の中でよく聞く話ですよね?　この粘りは経験から来ています。とくに100切りというのは、ゴルファーの最初の難関といえるでしょう。それはゴルフネットワークなどで、番組ができてしまうぐらい切実ですよね。

ゴルフはこういう経験の積み重ねで上達していくのです。もしかして我々が持っている上達した実感や、上達していく過程というのは、この粘りのことを指しているような気がします。

「難しいコースや悪いスコアに対して、皆さん耐性があるようですが、ではやさしいコースやいいスコアに対してはどうでしょうか？　45を切ったことのない人が、7ホールを終わって2オーバー。45どころか30台も夢じゃありません。こういう状況に慣れていないと、正常な思考回路ではなくなります。仕事では冷静な判断ができる人も、ゴルフに関してはこの限りではないようです」

この苦しさ、皆さん一度は味わったことがあるでしょう？　同じように1メートルのバーディパットは緊張しますよね。これがイーグルパットであれば更に緊張します。これも耐性がないためです。

ベストスコアはいくつですか？　と聞くと、「79です、○○カントリークラブです、癒し系ですけどね」って具合に、やさしいコースで出したスコアだからあまり自慢できない、みたいな感じで言う人がいます。コースがやさしくてもこのプレッシャーに勝ったのですから、それは素晴らしいことなのです。胸を張って言っていいのです。

「ゴルファーはマゾが多いのか、バックティだとか難しいコースを選んで回っている人がいます。短いコースとかやさしいコース、白ティとか、とかくケチを付けたがる人も多いです。たとえ短いコースでも出さなきゃこの苦しみはわからないのです。バックティじゃなきゃとかいうのは、僕は逆に言い訳に聞こえます。難しいコースだから叩いていいのか？短かろうがやさしかろうが関係ありません。いいスコアは出さなきゃダメです」

短いコースでスコアを出していく。パーを重ねるプレッシャーに慣れていくこと。それが大切なんです。千葉市民ゴルフ場は9ホールしかありません。何度も回るとコースを覚えてきます。マーク金井と同じように私もよく行きますが、ここはバーディが取れるホール、ここは無難に乗り切ればいいホールなど、思いを巡らせます。T島も千葉市民ゴルフ場で31が出てからゴルフが変わったと思います。この経験から、プレッシャー自体を試されていると思えば少し楽になるのと、バーディって来るじゃんと、自信が生まれました。

「メンタルだというと、僕は逃げっぽく聞こえて好きではありません。メンタルを支えるのは精神力よりも技術だと思っています。メンタル以前に、コースマネージメントやゴルフというゲームに対して、残念な人は言い訳になるようなキーワードを見つけて抽象的な言葉で誤魔化してしまっています」

ゴルフは恋愛と似ているとマーク金井がよく言っています。

「僕はモテない人にとりあえずキャバクラでも行って慣れろ！　とよく言うのですが、いきなり高い山に登ろうとするのがモテナイ君です。いきなり高い山でカッコよくイイスコアを出そうとするのが残念な人です」

37

ソコソコのショットをつないでプレーする

残念な人は、スコアがいい時や、いい流れに対する耐性がない、ということについて書きましたが、マーク金井によればまだあるそうです。それはナイスショットに対しての耐性だとか。

「ナイスショットのあとはピンチと何度か言いましたが、ナイスショットを続ける耐性がないのです。１Wがナイスショットした次に、セカンドがナイスショットできるなら、90は切れるレベルです。１００を切りたいという人にとって、１ホールに１回ナイスショットが出れば、あとはもう出ません。と思ってラウンドすると、実はソコソコのショットをつないでラウンドできます」

いいショットがいきなり出てしまうと、持ち点が残っていないと思ってプレーしたほうがいいってことですね。まあ、ソコソコでいいや、と思うと意外といい球が打ててしまうのがゴルフです。ナイスショットを続けようと思うと息苦しくなり、それだけでも持ち点が減ってしまいます。

ソコソコをどうつないでいくか？　ということを考えると、ナイスショットが続いても、しきい値が高くなりすぎません。「とりあえず、ソコソコこの辺に打っとくか！」という適当さも必要なのです。特殊な打ち方とかを下手に覚えると、それだけで持ち点を消費してしまい、芸術点ばかり高くなりスコアが低下します。低く出して止める打ち方とか、ロブショットとか、打つだけで疲れる球は18ホールでは何度も使わないほうがいいのです。

「残念な人の特徴の一つに、ショットの時にエネルギーを使い集中しているのに、何故かグリーン上ではエネルギーを使っていないし、集中していないように見えます。特に短いパットの時に感じます。不安でいっぱいだけど、集中していないのです。なにかコワイものから逃げている感じがします」

ゴルフで一番難しいのは2メートル以内のパットではないでしょうか？　メジャーの優

勝経験がある選手でも、時として短いパットを外してしまうのです。しかしこの距離からは絶対に逃げることができません。それは、ゴルファーのレベルを問わずスコアを作る生命線だからです。ですからショートパットに集中力を取っておきたいのですが、多くの場合ここにたどり着くまでに、集中力が底をついてしまっています。

この距離からは逃げられないのですから、それだけは覚悟してください。一番練習して効果が出るのはこの距離なのです。

さて千葉市民ゴルフ場、距離が短めで、いいスコアが出ます。ところが、短いコースでスコアを出しても、「あそこは短いから……」とか言いたがる残念な人が多いです。残念な人はバックティからプレーしたがりますが、そういう人はよくこう言います。

「ティショットが突き抜けるから打ちにくい」

「飛びすぎると逆に狙いにくい」

「短いと逆に難しいよ」

「僕はラウンド前にどこから回る？　と聞かれたら、どこでもいいですと言います。バッ

クティじゃないと設計者の意図がわからないと言う人がいますが、それは残念ながら違います。ゴルフのレベルやティショットの飛距離によりティが選べるのです。僕はバックより、フロント、さらにレディースティのほうがいいスコアが出ます。短いほうがやさしいといえるのは、上級者になってからです。残念な人は150ヤードも100ヤードもショットの精度が変わりません。だから短いコースでもいいスコアが出ないのです」

上級者は打つ距離が短くなるに応じて、精度が増していきます。しかし残念な人はそうではありません。スイングが不安定だと、距離が短くなっても安定度は増しません。だから、短いコースでもスコアが出ないのです。

100ヤード以内から必ず3打で上がることができれば、シングルハンデになれます。つまり短いコースでいいスコアが出ます。しかし残念な人は1Wや長めのアイアンといった、100ヤード以外にこだわります。練習するならウエッジとパターが効果的なのに。

1Wはソコソコ打っておけばOK。次を100ヤード以内にもっていければ、悪くてもボギーです。つまり簡単に100は切れるわけです。

ナイスショットに慣れる、いいスコアが続いても大丈夫になる。これがゴルフ上達には欠かせません。そのためには、千葉市民ゴルフ場のようなやさしいコースで、常にいいスコアを出すことが必要なのです。

ナイスショットに慣れる、いいスコアに慣れるためには、やさしいコースでプレーしよう。そこで徹底的にスコアを出してみる。その積み重ねがゴルフ力を高めてくれるのだ。

38 逆球のミスを徹底的に避けよう

脱残念な人ラウンドセミナーの参加者に、目標スコアは40で、普段は80前後でまわるというYさんがいらっしゃいました。千葉市民ゴルフ場の1番ホールでは、美しいドローボールで軽く250ヤードは飛ばしていました。そしてバーディチャンスにつけてイージーパー！

「全然残念じゃないじゃないですか……」

T島も全然残念じゃないな……ヤバイなと思いました。2番ではティショットをミスしてボギーとしましたが、3番もらくらくパー。

4番池越えのパー5ではティショット、2打目ともヒヤッとしましたが、3打目はピンまで40ヤードと絶好のポジションに持っていき、これはバーディチャンスかなと思っていたところ、その3打目をザックリ……。

「せっかく2打救われたのに、その後がいけませんでしたね。勝負どころは3打目。なのにティショット、2打目で疲れ果てて、3打目で取り返しにいったのでしょうか？　低い球でビシッと寄せてバーディ！　というのが、まるで漫画の吹き出しのように頭の上に浮かんでいるショットでした。3打目、バーディパットまで持ち点を持っておきたかったのに、ギリギリを攻めてしまいましたね」

2打目はもっと楽に打てる状況でしたね。100ヤードぐらい残すとセカンドも無理しなくてすんだはず。チャンスが一転してピンチになりました。特に勝負所でもないのに勝負に行くと、しっぺ返しが厳しいです。

さて、ここで少しブレーク。前が詰まっているので、マーク金井としばしご歓談していました。その時に「フェードが打てるようになりたい」とおっしゃっておられました。

次の5番ホールは左がグリーンまでずっと池ですが、右は隣のホールもセーフなホール。距離はさほどありませんので、バーディが狙えます。

そこで左を向いてアドレスされて、嫌な予感がしたのですがそのまま低いフックで池へ……。まさかこのホールでフェードを打ちにいったのでしょうか……。

「実はこのホールの前で、『フェードが打ちたい』という話をしていました。僕はどこを目指すのか？　という話をしました。ドローでかなり飛距離も出るのだから、特にフェードは必要ないのではと思いました。片方の球しか打てなくても、72は切れるからです。だからどこを目指すのか？　という話になりました。両方打ち分けてということになると、プロでも自由自在というわけではなく、片方どちらかを持ち球にして、どうしても、という時に逆の球を打ちます。アマチュアで必要なのは、日本アマ常連レベルではないかな」

T島も、できればフェードが打ちたいと思っています。ですがそれはフェードで攻めたいのではなく、フックの曲がり幅を抑えたいからです。

名門と呼ばれる林間コースに行くと、ティグラウンドの先の両サイドに大きい木が立っていることがかなりの確率であります。この木がすごく邪魔なのです。それは、T島は右からドロー（フック）で攻める時に、打ち出しをコースアウトして打っているからなんですね。出球がオンコースであれば、このような木は気にならないのです。打ち出しをこの範囲に入れて、フェアウェイに残る曲がりなら、フェードでもドローでも、どっちでもいいわけですから。

ティショットを池に入れたYさんは、3打目を見事に乗せて、2パットでボギーと粘りました。さすがですね。

6番ホールは左右セーフのミドル。

「もしコースで試すとするなら、こういうホールで試すべきです。リスクが少なくてすみますから。フェードを狙ってフェードが打てずにフックする逆球のミスが一番傷が深いのです。厳しい言い方ですがYさんの5番ホールはコースマネジメントの一番初歩的なミスです。しかし実はこういうミスを皆さん平気でおかしてしまいます」

「今回のYさんは見事なドローを持っているのに、フェードを打とうとする。フェード

を打とうとしていますが、スイング的に見ればどう見てもフック系の動きです。技術的な裏付けがないのに、挑戦するのは自殺行為としか思えません。フックのDNAが染み付いているので、見ていてわかるぐらいスイングを変えないと球筋に出てきません。ドローが持ち球だとして、練習場で100%フェードが打てるなら、コースで60%ぐらいの確率で打てるかもしれないですけど、現状では10%も厳しい気がします」

Yさんのドライバーは、飛ばないT島があんなに飛んだらいいなと思ってしまうぐらい。見事なドローが持ち球なのに、もったいなく感じます。そもそもコースで持ち球と逆な球を打つこと自体、ティショットで持ち点をかなり消費してしまっています。それが逆球だと持ち点ゼロとなってしまうぐらいのダメージです。

「残念な人の特徴は、欠点を補おうとするあまり、長所を活かせないことです。自分のゴルフに本当に必要なことは何か、今の自分の力から考えればいいのですが、なんとなくイメージにさらわれてしまい。欠点に目が行ってしまいます。非常にもったいないです。特に必要のないフェードよりも、もっとゴルフコースに対するゲームをシッカリと捉える

ことが大切です」

この日のT島はドライバーがほとんど当たりませんでしたが、何とかごまかして、セカンドが狙える位置に持っていきました。持ち点をあまり使うことなく、セカンドとグリーン上に持っていけたのです。そんな日はいいスコアが出ますね。

「この日のT島はつけ入る隙がありませんでした。ティショットが不調にもかかわらず悩んでいなかったからです。ティショットでいい球を打つことに持ち点を割かずに、適当にごまかして最後まで通しました。『ティショットは適当』でということを実践したのです。そして難関の8番のショート、9番のロングに持ち点を蓄えていました」

はい。8番、9番までにいくらバーディを取って、そして持ち点を温存するかが、千葉市民攻略の鍵。もう少しパットがまともなら30ぐらいで回れたはず。だって全ホールでバーディパットを打ちましたから。というのは冗談ですが、ショットの良し悪しもありますけど、脱残念な人思考でスコアは変わりますよ。

千葉市民ゴルフ場の5番は左が池でアウト、右はセーフのホール。距離が短いので、ティショットはドライバーで飛ばしていくか、レイアップするかを選択できるが、こういうホールで逆球を打って池に入れてしまうのは、コースマネジメントの初歩的なミス。

39 緊張したらしきい値を下げてプレーする

「僕が言いだしっぺの『日本ハーフコース振興協会』のメンバーたちが、誕生日記念コンペをしてくれたのです。その時メンバーの人たちと、それぞれ何ホールか一緒に回らせてもらいました。その時思ったのですが、皆さん上がり３ホールまでは＋１とかで回っているのに、息苦しくなってだんだん崩れていくのです。だんだん緊張していくのが見ていて手に取るようにわかります。この日９ホールを２回プレーして65で回ったトップアマでもある松下さんは、最後の９番でイーグルを２つ取りました。しかし他の皆さんはスコアに縛られて、だんだんおかしくなっていくのです。何が違うのかわかりますか？」

確かにいいスコアが出るとだんだん息苦しくなりますね。アマチュアは良いスコアを出すことに慣れていないという話はしましたが、トップアマとの違いというのが、どうやら鍵になりそうな気がしますけど……。

「メンタル・アドバイザーのボブ・ロッテラは、『ゴルファーが緊張すると共通することがあります。それはショットがオーバーすること、逆にパターはショートすること』と言っています。緊張すると何故か大きいクラブを持ちたくなる。でもオーバーするとパターも難しいし、アプローチも難しい。グリーンは受けていることが多いので、下りのパターはますます打てない。するとショートして、また下りが残るという悪循環が生まれるのです。この最悪の連鎖が出る前に、ショットがオーバー目になったり、パターが打ちきれなくなった時点で、残念ながら緊張している。まず緊張する自分を知ることが大切なのです」

上がり3ホールの緊張はちょっと違う感じですよね。あれパターが打てないな？　とか、ショットがオーバー目だなと思ったら、緊張のサインです。

「もちろんこの状況で『リラックス』なんてできません。『いつも通り』が難しいから緊張しているわけですから。ではどうするのか？　というと、やはり『しきい値』を下げる

のです。プレッシャーがかかっていると思ったら、いつも通りのことができないとまず知ること。そして絶対にオーバーしないクラブで打つことです。この状況でできることは、ベストのことではなく、ベターでもなく、いつもの自分にとって、『まあまあなこと』『まあゆるせる』ぐらいなこと。それならできるでしょう？」

なるほど。ではパターがショートするのはどうしたらいいのでしょうか？

「ショートするからガッツリ打とうと思って行動にうつすと、まあ面白いぐらいオーバーしてしまいます。僕は緊張してショートしはじめたら、２メートルのパーパットを覚悟してファーストパットを打ちます。オーバーしてもショートでも、それぐらいはしょうがないと思うのです。また、ショートする人には特徴があります。アドレスに入り素振りをする。この素振りで緩んでいる人はいません。皆さん素振りではしっかりとストロークするけど、いざボールを打つ段階では緩んでしまう。デイブ・ストックトンは、イメージを作ったらアドレスに入り素振りをせずすぐ打てと言っています。インパクトで緩む人はぜひお試しください」

40 ナイスショットを捨てる

「今回ラウンドした2人は、まだ若いゴルファーでした。ゴルファーとして真剣で真面目な2人に、目標スコアを1番ホールのティショット前に聞いてみたら『45』と、2人とも同じ答えでした」

「僕は同伴者の1番ホールのティショットを見ると、大体の腕前が見えます。僕も何度かプレーしましたが、セントアンドリュースではキャディが客の1番ホールのティショットを見てハンデを決め、客同士を競馬の馬にして握るんです。だいたいこいつはコレぐらいで回るから、ハンデはいくつってな具合です。セントアンドリュースのキャディ達は、その日の日当を全部賭けるぐらいですから、かなり正確に当てると自負していました。同

じように私もそれがわかります。そしてなんで45なんだろう？　と思いました。２人とも素晴らしい球を打ち、スイングも致命的な欠陥がありませんでした。メルマガを購読していれば、千葉市民ゴルフ場がいかにスコアを出しやすいコースであるかというのが、わかっていると思うのですが……」

そうですね。私もえっ？　と思っていました。この２人はTwitterでつながっているので、彼らの腕前がどれぐらいかわかっていましたから。なにかゴルファーは謙虚であれとか、紳士であれとか、そういう言葉が浮かびます。

「自分の目標をどこに設定するかによって、切実さの度合いが変わると思います。あまりにかけ離れた目標だと、切実じゃなくなります。これは実力より低い目標でもそうです。よく言えば謙虚ですが、これでは実力は発揮されません。実力より10％～20％高い目標なら、行けるかもしれないと思えます。低い目標を掲げて余裕がある状態ならいいですが、追い込まれると『まあいいか』ということになります。目標は高すぎても低すぎてもいけないのです。これは仕事も同じだと思います。早く上達する人、早く壁を越えられる人は、

目標設定が上手いのです。イチローの思考法が一時期話題になりましたが、イチローも高すぎる目標より、切実で超えられそうな目標を階段のように用意して、一段一段レベルアップしていったそうです」

この目標設定は難しいものです。謙虚は美徳という風潮もあるし、ビッグマウスであればいいわけでもありません。何でこういうことが起こってしまうのでしょうか？

「池があるから刻む。バンカーは避ける。と何でもかんでも刻んでいたらスコアはよくなりません。僕が本書で何度か言った、「しきい値を下げる」ということは、目標を低く抑えることと同意ではないのです。目標はシッカリ持つ。しかし、しきい値は低く、なのです。目標を上げたらプレッシャーをかけてしまう。それはそうですけど、目標をたとえ低く言っても、自分の中の煩悩が収まるわけではありません。目標よりすごく少ないスコアでプレーしていても、結局人間は『1打でも少なく上がりたい』わけです。目標を低く謙虚に行ったところで、しきい値は下がりません。目標をクリアするためにしきい値を下げて、現実を受け止めることで、状況を判断して次の1打を確実に実行するのです」

目的を達するためにしきい値を下げるわけで、目標を下げてもしきい値が下がったことにはなりませんよね。では、なぜしきい値って上がるんでしょうね？

「今回の２人は１００％のナイスショットを続けないと、パープレーでラウンドできない、いいショットを続けることでしか、スコアは縮まらないと思っていました。そう考えるとしきい値はとても下がりません。どう下げるかわからないので、目標を下げることでしきい値を下げたつもりになっているのではないでしょうか？」

ナイスショットの呪縛です。凄い飛距離であるとか、ベタピンとか長いパットがボコボコ入るとか。プロの試合を見るとそう思ってしまうのも仕方ないかもしれませんね。

「僕はこの日36で回りましたが、ナイスショットを連発というわけではなく、１Ｗもトップしたり、パットもミスったり、でもつないでいって、上がったら36だったわけです。２

人と決定的に違ったのは０点がなかったことです。ナイスショットを打とう、１００点を取ろうとすると、０点が来る確率が上がります。２人ともいいショットを打ってる分１００点を取ろうとしています。１人は３Ｗのティショットを多用しましたが、１Ｗで１００点が取れないから、３Ｗを選んでいるように見えました」

「確かに３Ｗのほうがミスには寛容です。でも１Ｗで60点でいいんです。だとすればもっと１Ｗを使えたでしょう。１Ｗの苦手意識も払拭できるはずです。岡山から来られた方のほうが飛距離は出ませんし、技術的には少し劣るかもしれませんが、１００点を狙っていない分スコアを作ることができるように見えました。自分のゴルフを知っている感じ。もう１回ハーフを回って37だったそうです」

ゴルフとはゲームのスキルを上げることと、スイングのレベルを上げること、この２つが大切です。スイングのレベルを上げることが、そのままスコアに出ないのが、ゴルフなのです。そのあたりが、残念な人を生む要素なのでしょうね。

41 ストロークプレーの呪縛を捨てよう

「僕が主宰する日本ハーフコース振興協会のコンペでは、最低でも1時間50分以内で回ってくださいと言ってます。スタートの1番ホールに3組（ティグラウンド、2打目地点、グリーン）。これは問題ありません。しかし2番でも3組。3番のパー3は4番のティグラウンドからの折り返してくるプレーヤーが見えるので、すれ違う時に、早くラウンドするように、1回目のお願いをしました。しかしこの状態が続き、5番から6番の時に、もう一度今度は注意をしました。『走らないで早く回ってください』といいました。トップスタートの皆さんは、いかにもマジメにゴルフに取り組んでいる風で、きょとんとしていました。結局この状態は最終ホールまで続きました。僕は表彰式で、『走らないで、早く回るという意味を考えてください』といいました。するとトップスタートの女性に、『マークさんはまじめにゴルフしてはいけないというのですか？』と言われました。僕は、とても残念だなと思ったのです」

マーク金井は決してラウンド中走りませんが、1時間20分ではラウンドできます。次を常に考えているからです。たとえばティグラウンドでオナーが喋っていると、それだけでプレーは止まります。要は技術というより段取り能力なのでは？

「段取りは非常に重要です。どうすれば段取り良くプレーできるか？　というのをシミュレーションすれば面白いと思います。次のホールでオナーの人にはピンを持たせないとか、スコア順じゃなくて、準備のできた人順に打つとか。しかし今回僕がひっかかったのは、『真面目』『一生懸命』というキーワードです。きつい言い方かもしれませんが『真面目』にやっていれば、遅くてもいいのか？　というのは違うと思います。日本人は『真面目』『一生懸命』だと許される感が否めません。こう言うと『下手はゴルフをやってはいけないのか？』と突っ込まれます。決してそんなことはありません。僕は『不真面目』にゴルフをやっているつもりはありません。『真面目』『一生懸命』にしているという人は、10個必要と思ったことを、すべてやろうとします。その必要なことを、洗練して取捨選択していく努力をしていないのに、『真面目』『一生懸命』を振りかざしても困るのです」

プレショットルーチンに時間をかける人は、「真面目」な人が多いですよね。スクエアに構えて真っ直ぐ飛ぶんなら、こんな楽なことはないですし、時間をかける人に遅いっていったら、キレられますし……。

「スロープレーだった、というつもりはありませんが、トップスタートで後ろにずっと1組いるというのは、間違いなく遅いのです。ゴルフはその場であるコースを共有しているのであって、専有しているのではありません。僕はこのコンペで提案をしました。まずクラブを9本以内にします。なぜか？　本数を減らすと迷いが減ります。選ぶ時間が減り、迷いもなくなり、リズムが良くなります。そして手引きカートを使わず、バッグを担いでもらうことで、移動が楽になります。クラブの本数を減らしたのはバッグの重さを軽くしたいのもありますね。それで10分は短縮できると思っています」

そもそもショット自体にかかる時間は構えて打つだけなら2秒も要らないわけで、移動とプレショットルーチンに時間がかかるわけです。素振りを2回していたところを1回にすれば半分。急ぐポイントって結構あると思うんですよ。

「下手はゴルフしてはいけないのですか？　この下手はスコアのことを指していると思います。僕が思うにスコア＝ストロークプレーの呪縛です。ゴルフというゲームはそもそもマッチプレーが基本だったのです。ゴルフの歴史的にみれば、ストロークプレーが主流になったのは、実は最近のことです」

「僕はスコットランドのリンクスで何度もプレーしていますが、同伴した現地のゴルファーから、ステーブルフォードでプレーしない？　と提案を受けることが多かったです。ステーブルフォードというのは、具体的には、ダブルボギー以上、ボギー、パー、バーディ、イーグルという5つのスコアレベルに対してポイントが設定されており、それに従ってポイント換算するポイント競技。ダブルボギー以上は点数が入らないのです。全英オープンをＴＶで見たことがあるなら少しは感じられると思いますが、スコットランドはコース自体が整備されてなく、ブッシュもそのままです。ＯＢはあまりありません。そもそもＯＢは救済なのです。旅人の僕に、ステーブルフォードでやろう！　というのは、リンクスの

怖さを知る地元ゴルファーの優しさです」

「ストロークプレーを『クソ真面目』にやると、時間がかかります。僕はパーパットはOKしませんが、ボギーパットやダボパットは少し長くてもOKを出します。ギブアップするのも悪いとは思いません。たとえばバンカーから3打で出ない場合など、3打でもつらいのに、5打以上打っても出ないと心の傷となります。OBしてローカルルールのプレーイング4を使うのに、真面目とか一生懸命を持ちだされて困ります」

「『一生懸命』『真面目』な人に質問ですが、練習場では、コースの時のように時間を掛けるのでしょうか？　練習場ではサクサク打って、コースでは時間をかける。これは練習にはならないと思いませんか？　逆に、練習場で時間をかけてチェックして、コースではサクサクプレーする。こちらのほうがスコアアップにもなるし、その日ゴルフ場に居るすべての人に迷惑にならない気がします」

42
持ち球に対してリスクヘッジをかける

「先日のゴルフでも残念な人を見つけました。左はOB、右が深い林のパー4のティショットで同伴者が言いました。『右に曲がるか左に曲がるかわからないから、真ん中を狙います』。いかにもミスショットを前提にしている感じをうけますが、とても残念ですね」

多いですね、こういう人。マネージメントという名の丸投げ。ミスを前提にしているかのようですが、まったくしていません。当たるも八卦当たらぬも八卦ってのもねぇ。

「ナイスショットを続けても、1回酷いミスをしたら水の泡になってしまうのがゴルフ。それよりも60点のショットを積み重ねるほうがスコアになります。ナイスショットを前提

にすると、怪我が大きいのがゴルフです。どちらにも曲がるかもしれないので、真ん中を狙うというのは、一見リスクヘッジをかけているようですが、実はまったくかかっていないのです」

「ゴルファーには持ち球というのが必ずあります。右にも左にも曲がるというのは、片方のミスを嫌って、逆のミスが出るからです。持ち球を前提に狙いを決めないと、それこそ右にも左にもどちらにも曲がってしまいます。60点のショットとは、たとえボールは曲がっても、だいたい狙った場所をキープしていくこと。曲がることを前提に狙うことが大切なのです。皆さんはボールを真っ直ぐ飛ばすことの呪縛が強いのです。自分のスイングの傾向から持ち球を知り、その持ち球に対してリスクヘッジを徹底的にかけていくことが挑戦であり、その地味な挑戦が自分の成長になるのです」

できるだけ曲がり幅を抑えて、できれば真っ直ぐ打ちたいと、それはだれでも思います。ラウンド中にグリップを変えたり、テークバックをチェックしたり、それで直ればラッキーですが、今までスライスしていたのにチーピンが出て傷が大きくなり、それこそ「どっちにも曲がるから、真ん中狙う」という暴挙に出ます。真ん中を狙うと開き直ればいいですが、たいていは散漫に狙ってしまいミスを呼びます。

「何度も言いますが、ナイスショットの呪縛です。『真っ直ぐ』はどちらにも曲がる可能性のある危険な球なのに、それに気がついている人は少ないのです。大切なのは狙ったところに打つということ。ツアープロもどちらかに曲げて打ちます。狙った球筋と逆に曲がる『逆球』が一発でも出れば、大きなトラブルになることを知っているからです」

初心者の多くは「真っ直ぐ」飛ぶボールを打ちたくなりますが、上達してゴルフ雑誌を読み始めると「ドロー」に憧れます。「スライス」でも狙ったところに打てればスコアになりますが、多くのゴルファーは、「ドロー」が打ちたいと、テークバックをインサイドに引きすぎて、トップでループしてスライスがひどくなるか、ヘッドがスイングプレーンの下を通るアンダーになって、チーピンを連発します。

狙ったところに正確に打つことが大切で、どっちに曲がるかということは大した問題ではないのです。どっちか片方でいいので、打ちやすい球筋を身につければ、スコアは安定します。でも両方打ちたいと思ってしまうんですよね。

「左右どちらかにドッグレッグしている場合、ティショットでフック系、スライス系を求められることがあります。右にドッグレッグしている場合、右は林で、左は基本ＯＢで、距離が出すぎると突き抜けてＯＢというのがよくあるパターン。こういう場合フッカーは、わざとカットに打ってフェードを打ちたがります。まあそれが打てたらブレークスルーできて、ハンデ5下になってるでしょうが、ほとんどの場合『左を向いてカットでフェード』といいつつ、持ち球のチーピンで万事休す。右からフックで狙っても突き抜けてＯＢとか、簡単に想像できます」

「では両方に曲げられないと、ハンデ5下になれないのか？　というとそれは違います。絶対に突き抜けてのＯＢまで届かないクラブを持てばイイのです。セカンドの距離がドライバーでナイスショットした場合よりも残りますから、バーディやパーの可能性は減りま

すが、ＯＢが出ればダブルボギー確定です。ＯＢ１発で済めばいいですが、まさかの連続ＯＢなんてよくある話。それが最終ホールで、ベストスコア更新の夢が消えてしまうなんて、よくあるパターンだと思いませんか（笑）」

あるある！　そういう場合に刻むクラブが大切な気がします。マーク金井はドライバーと17度のユーティリティをティグラウンドに持って上がる場合が多いですね。確実に突き抜けない２２０ヤードに置いておくという強い意志を感じます。そういった場合の刻むクラブの選び方はどうなんでしょうね？

「刻む場合『３Ｗで！』と、ドライバーの次に飛ぶクラブを持ちたがりますが、僕がオススメしたいのは、パー３でティショットする時に、確実にグリーン周りに落とせると思っているクラブです。距離で選ぶのではなく、あくまで正確性です。『これは大丈夫』と思える番手が自分の感覚の中にかならずあると思います。どんなに広いグリーンよりも、普通フェアウェイのほうが広いはず。１打目はポンとフェアウェイに置いておいて、そこから必死にボギーを取りにいけば、パーというご褒美があるかもしれませんよ」

マーク金井（まーくかない）
クラブアナリスト。ゴルフ誌だけでなく、TV、ラジオなどさまざまなメディアで活躍する、自称「ゴルフ芸人」。ハンデ3の腕前と豊富な知識を活かした、わかりやすい試打レポートには定評がある。最近はクラブ設計者としても活躍、メーカーが作れなかった、アマチュアを救うクラブを設計。悩めるゴルファーのために自らゴルフスタジオ・アナライズを主宰している。
http://www.analyze2005.com/

一生役立つゴルフ超思考法

2016年9月25日　初版第1刷発行

著者●マーク金井
構成●田島基晴
編集●小木昌樹
発行者●滝口直樹
発行●株式会社マイナビ出版
〒101-0003 東京都千代田区一ツ橋2-6-3 一ツ橋ビル2F
編集:03-3556-2733/販売:03-3556-2731
注文専用:0480-38-6872
E-mail(質問用):kikaku-hensyu@mynavi.jp
Webサイト:http://book.mynavi.jp/
装幀●米谷テツヤ
印刷・製本●株式会社大丸グラフィックス

ISBN978-4-8399-6002-5　C0075